PROJETS

DE

TRAVAUX EXTRAORDINAIRES

CONCERNANT

LE SERVICE DES PONTS ET CHAUSSÉES

DU DÉPARTEMENT DE LA SEINE.

PROJETS
D'EMBELLISSEMENS DE PARIS
ET DE
TRAVAUX D'UTILITÉ PUBLIQUE,
CONCERNANT
LES PONTS ET CHAUSSÉES,

PAR LE C[TE]. ALEXANDRE DE LABORDE,

CHARGÉ DEPUIS L'ANNÉE 1810 JUSQU'EN 1816
DU SERVICE DES PONTS ET CHAUSSÉES DU DÉPARTEMENT DE LA SEINE.

Odit populus privatam luxuriam, publicam magnificentiam diligit.
CICERO, pro Mur. c. 36.

A PARIS,

DE L'IMPRIMERIE DE A. BELIN, RUE DES MATHURINS S.-J.

1816.

SOMMAIRE DES DIFFÉRENS PROJETS.

PRÉFACE.

De grands travaux se sont exécutés pendant plusieurs années dans toute l'étendue de la France, et outre les Directeurs-généraux, plusieurs Administrateurs particuliers furent préposés à leur surveillance. Je fus chargé, en 1810, du service des Ponts et Chaussées du Département de la Seine, dont les dépenses annuelles s'élevaient à près de 9 millions. Le même décret instituait un autre Maître des Requêtes à la tête des Bâtimens du Département et de quelques monumens spéciaux qui se construisaient sur les fonds du Ministère de l'Intérieur. J'avoue qu'en apprenant ma nomination à la première de ces places, je regrettai beaucoup de n'avoir pas été choisi pour la seconde; mais je changeai bientôt d'avis, lorsque je connus l'importance des travaux dont j'étais chargé, et le bien qu'on pouvait y faire; lorsque surtout j'entrai en relation avec les membres du Corps respectable des Ponts et Chaussées, auquel j'étais attaché. Mon administration comprenait les routes, les ponts, les quais, le canal de Saint-Maur, le canal de l'Ourcq, et le service ordinaire et extraordinaire des Eaux de Paris. Après l'examen de chacune des parties de ces travaux, je reconnus que dans ce qui regardait les routes, les ponts et les quais, il n'y avait guères de changemens à faire. Sans doute on avait eu tort de substituer la meulière aux pierres de taille dans quelques-uns des nouveaux quais. Sans doute les ponts de Besons et de Choisi ont été aussi mal construits que celui de la Cité a été mal conçu; mais ces fautes tenaient moins à l'inadvertance de ceux qui les commirent, qu'au principe d'économie poussé trop loin qui dominait à cette époque dans le Corps des Ponts et Chaussées. Le canal de Saint-Maur est un monument admirable par sa simplicité et son importance; le canal de l'Ourcq est une large rigole sans écluse, qui conduit trois rivières à 80 pieds au-dessus de la Seine, et qui pourra fournir à la ville de Paris 10,000 pouces d'eau pour le service de ses habitans, le lavage de ses rues, l'établissement de fontaines monumentales, et d'un nombre considérable d'usines. Cette rigole a été disposée dans une section telle qu'elle pourra servir aux bateaux pour remplacer le charroi assez considérable de tout le pays, depuis Château-Thierry jusqu'à Paris. On sentira le prix de cet ouvrage, lorsque l'on se raplus habitué en France à la petite navigation, si utile, si recherchée en Angleterre; on rendra alors justice à l'ingénieur qui a conçu et rédigé les plans de cette grande entreprise, et on lui pardonnera plus facilement les fautes qu'il a commises dans son exécution. La distribution des eaux dans l'intérieur de Paris, est la partie vraiment imparfaite de tous les travaux qui se sont exécutés dans cette grande ville; aucune attention n'a été donnée, depuis vingt-cinq ans, à cette branche importante de l'administration; tout est à créer, et les changemens heureux qu'on peut y faire forment la partie principale des projets compris dans ce recueil. En effet, lorsqu'on pense qu'il existe peu de villes en Angleterre ou en Amérique où l'eau ne soit distribuée par des conduits, en abondance, dans les maisons, on a lieu de s'étonner que la capitale de la France soit encore soumise à une armée de porteurs d'eau, qui traînent dans les rues leurs tonneaux comme des bêtes de somme, et qui rabaissent la dignité de l'homme au-dessous d'un robinet. L'état de porteur d'eau est une honte en civilisation, et il faut l'absence de capitaux disponibles depuis vingt-cinq ans pour toute entreprise utile, ou l'absence d'attention des administrateurs sur ce point important, pour avoir laissé subsister cet étrange abus. On conçoit d'autant moins cette négligence, qu'il y aurait un bénéfice considérable pour la ville de Paris, ou pour toute compagnie qui entreprendrait d'opérer ce changement. Les travaux nécessaires à la distribution des eaux dans les rues de Paris, ne coûteraient pas plus de 9 à 10 millions, et en rapporteraient plus de 2 de revenus (1). Notre premier projet consiste donc à changer à la fois le système des conduites d'eau et des égouts, à développer dans tout Paris une ramification de tuyaux qui donne aux eaux tout leur jeu, et permette de les distribuer jusqu'au troisième étage dans les maisons.

Le second projet consiste dans l'établissement d'un Lavoir public au Gros-Caillou, pour mettre à profit les eaux chaudes et froides de la pompe, qui se perdent, et en même temps débarrasser la rivière des bateaux de blanchisseuses qui l'encombrent et nuisent à la navigation. Ce projet a été en partie exécuté d'après mes plans, par M. Lecour, fermier actuel des pompes à feu, mais sur une échelle moins grande. Le succès a été complet.

Le troisième projet a rapport au moyen d'élever les eaux du bassin de Chaillot, dans le réservoir situé au-dessus, et de mettre à profit la chûte de ces mêmes eaux dans les bassins. Cette tentative ne serait qu'un essai, pour l'opérer plus en grand sitôt qu'on pourrait disposer des eaux de l'Ourcq. On peut calculer qu'il serait possible alors de se servir de la force de ces eaux, au lieu de la pression de l'air, pour élever les eaux de la Seine et supprimer les dépenses de combustible.

Le quatrième projet consiste dans la construction de plusieurs Fontaines monumentales, servies par un même volume d'eau réparti à différentes hauteurs. Les fontaines élevées dans Paris, par suite du décret du 3 mai 1806, sont la honte du goût; il nous a paru utile d'appeler l'attention des artistes et des administrateurs sur cet objet. La ville de Rome ne possède que 1500 pouces d'eau: mais ce volume habilement réparti dans plusieurs fontaines monumentales, paraît être trois fois plus considérable.

Le cinquième projet a rapport à l'institution que l'on réclame depuis si long-temps dans la capitale, et que les étrangers surtout sont étonnés de ne pas y trouver, je veux parler d'un *marcher* commode pour les piétons dans les rues, ou autrement d'une espèce particulière de *trottoir* qui soit convenable au peu de largeur des rues et à la nature des édifices. Le pavé de Paris est encore à peu près ce qu'il était sous

(1) Ce calcul a été fait de trois manières différentes, et qui se sont trouvées parfaitement en rapport. La première en connaissant le nombre des porteurs d'eau dans Paris et ce qu'ils gagnent par jour, terme moyen; la seconde en comparant le prix que coûte à la ville de Paris une voie d'eau rendue aux fontaines publiques, et le prix de cette même voie d'eau portée dans les maisons; la troisième en sachant le nombre des maisons et ce que les propriétaires dépensent, terme moyen, pour leur abonnement avec les porteurs d'eau.

Philippe-Auguste, et au sortir de maisons magnifiques en pierres de taille, on entre dans des rues incommodes : différent en cela de plusieurs autres pays, où les maisons des particuliers ont peu d'apparence à l'extérieur, mais où rien n'est épargné pour la commodité publique, et les moyens agréables et prompts de communication. Le dernier donne les plans d'une promenade pour les voitures légères et les gens à cheval, à portée de la capitale.

Ce recueil de Projets n'était point destiné à voir le jour; il avait été imprimé et gravé en 1812, afin d'éviter d'en faire des copies à la main qui auraient été plus chères et moins fidèles; mais il n'en avait été tiré qu'un petit nombre d'exemplaires destinés à être distribués au Conseil des Ponts et Chaussées, lorsque la discussion se serait élevée sur quelques-uns de ces plans. Une erreur d'un ministre, à qui j'en envoyai à cette époque un exemplaire (1), pensa m'être funeste, et le fut du moins à l'ouvrage, qui fut saisi et renfermé pour ne plus reparaître. En vain je voulus reproduire quelques-uns de ces projets; la défaveur que cet événement leur avait attiré empêcha qu'ils fussent seulement examinés, jusqu'au changement de Gouvernement en 1814. M. le Comte de Chabrol, Préfet de la Seine, nomma alors une Commission, dont je faisais partie, pour s'occuper de ces améliorations; et il n'est aucun doute que cette mesure aurait eu d'heureux résultats, sans les derniers événemens qui ont été si funestes à la France et si onéreux à la ville de Paris.

Tant qu'il me fut possible de conserver quelque espérance que ces travaux pourraient être exécutés par l'administration, je me serais fait un scrupule de les présenter au public; je pense aussi qu'un administrateur ne doit point publier ses pensées (2); mais aujourd'hui cet espoir n'existe plus, et les mêmes raisons qui m'ont fait entreprendre ce travail, le désir d'être utile, me prescrivent de le faire connaître. D'un côté, la ville de Paris est hors d'état d'ici à long-temps d'entreprendre de semblables travaux sur ses

(1) A mon grand étonnement je reçus la lettre ci-jointe :

Paris, le 24 mars 1812.

« J'ai parcouru, monsieur le Comte, avec beaucoup d'intérêt l'ouvrage que vous m'avez fait l'honneur de m'adresser, et qui était joint à votre lettre du 23 de ce mois.

» Un administrateur ne doit point soumettre ses idées au public; il les soumet à son chef immédiat; elles arrivent par la hiérarchie jusqu'à S. M. l'Empereur, qui les adopte, les rejette ou les modifie. Alors la pensée et le bienfait qui en résulte appartiennent à Sa Majesté. Si vous n'étiez, M. le Comte, qu'un simple particulier, je n'aurais que des éloges à donner à votre travail; comme administrateur, c'est à regret que je suis obligé de blâmer la publicité que vous avez eu l'intention de lui donner. »

Ma surprise fut grande; mais elle augmenta encore lorsque, deux heures après, je reçus l'ordre de me rendre sur-le-champ chez le Ministre, qui me lut une lettre de l'Empereur, contenant des réprimandes très-sévères sur ma hardiesse et mes prétentions. Pour toute réponse, j'ouvris le livre et fis voir au Ministre la première page qu'il n'avait pas lue, et qui contenait l'avertissement que ce travail n'avait été imprimé que pour être distribué au Conseil, et n'avait jamais dû être publié. L'affaire fut alors réparée; mais l'ouvrage n'en fut pas moins saisi et transporté à l'hôtel du Ministère, où il est resté jusqu'au mois d'avril 1814. A cette époque, le nouveau Ministre, à qui je le fis redemander, me le renvoya, en me mandant que la pensée appartenait à celui qui la concevait. Le lecteur sera sans doute étonné que l'on ait pu attacher autant d'importance ou autant de défaveur à une chose aussi simple.

(2) Il est cependant nécessaire de faire quelque distinction dans ce principe. Sans doute il est mal à un administrateur de publier des projets qui lui auraient été demandés par l'autorité, ou qui lui auraient été fournis par ses subordonnés. Mais lorsque les projets qu'il a conçus lui-même, sortent du cours ordinaire des travaux qu'il dirige; lorsqu'en les faisant connaître il peut exciter ses concitoyens à se porter au-devant des sacrifices qu'ils exigent, à savoir gré d'avance au Gouvernement qui s'en occupe, il me semble qu'il sert à la fois la société qui doit jouir un jour du bienfait, et l'autorité qui en aura la reconnaissance.

revenus, et de l'autre, on vient de supprimer la place qui me faisait espérer de contribuer à leur exécution, et d'avoir même quelque influence pour les faire adopter. C'est donc à l'opinion publique qu'il faut avoir recours, c'est au patriotisme des habitans de Paris qu'il faut en appeler pour leur propre intérêt. Ces travaux sont tellement nécessaires, qu'ils s'exécuteront certainement un jour, malgré les objections, malgré les difficultés, malgré les dépenses. Puissai-je par cet écrit hâter ce moment, et déterminer quelque corporation, quelque compagnie de capitalistes à les entreprendre; ils seraient aussi profitables pour elles, qu'utiles à leurs concitoyens. Si cet événement heureux avait lieu, je me féliciterais fort d'y avoir eu quelque part, et il ne faudrait pas moins que cette satisfaction pour me consoler de la perte d'une place qui me mettait en relation habituelle avec des hommes aussi respectables qu'éclairés. Je puis aujourd'hui rendre au Corps des Ponts et Chaussées un hommage qu'on n'attribuera ni à la flatterie, ni à la partialité; oui, je le dis avec plaisir et avec conviction, je ne crois pas qu'il existe une réunion d'hommes plus instruits, plus modestes et plus désintéressés. Outre les qualités qui les distinguent, la plupart sont administrateurs, ce que sont rarement les artistes, et beaucoup d'entre eux sont artistes, ce que sont plus rarement les ingénieurs de la guerre ou de la marine. A l'époque où les autres carrières offraient tant de moyens d'ambition et de fortune, il est peu d'exemples que ceux qui sont entrés dans ce Corps l'aient quitté pour suivre une destinée plus brillante. Une vie douce livrée à des travaux utiles, une considération méritée dans le pays qu'ils habitent, sont les seuls dédommagemens qu'ils cherchent et les seules récompenses auxquelles ils aspirent. Ils parviennent aussi presque tous à ce but, et en faisant leur éloge, je me crois l'interprète de ceux qui les connaissent.

AMÉLIORATION

DANS LA DISTRIBUTION DES EAUX

DE PARIS,

ET DANS LE SYSTEME GÉNÉRAL DES ÉGOUTS.

Tous les jours il se perd six mille muids d'eau par les conduites des Pompes à feu. Tous les jours on fouille le pavé et on obstrue les rues pour réparer ces conduites. D'un autre côté, les immondices de Paris se jettent en grande partie dans la Seine, au-dessus des prises d'eau des Machines hydrauliques et aux environs des palais du Roi. Une opération qui remédierait à la fois à ces deux inconvéniens, et qui de plus fournirait le moyen de donner de l'eau dans toutes les maisons de Paris, et à très-bon marché, serait, sans doute, une des améliorations les plus importantes de l'état actuel de la capitale.

Nous proposons, pour atteindre ce double but, la construction de deux Aqueducs voûtés, partant, l'un du grand égout, à son passage sous l'avenue de Neuilly, et suivant les Champs-Élysées, les rues de Rivoli, Saint-Honoré, de la Féronnerie, des Lombards, de la Verrerie, et la rue Royale projetée, jusqu'à la place de la Bastille; l'autre, partant du Gros-Caillou, au-dessous de la Pompe à feu, et se rendant par la rue de l'Université, la rue Jacob, la rue de Seine, le carrefour de Bussy, la rue Saint-André, la rue Saint-Severin, la rue Galande, la place Maubert et la rue Saint-Victor, jusqu'à la rivière de Bièvre, au-dessous de la manufacture des Gobelins.

Ces Aqueducs seraient destinés à la fois à servir d'égouts pour reporter hors de Paris toutes les immondices qui se jettent aujourd'hui dans la Seine au milieu de la capitale, et à renfermer les grosses conduites des Pompes à feu de Chaillot et du Gros-Caillou, portées au double de leur diamètre, opération simple, qui, comme nous l'exposerons plus loin, coûterait peu de chose à la ville de Paris, et réunirait les avantages,

1°. De doubler le volume des eaux qui se distribuent aux *fontaines* établies par le décret du 2 mai 1806, ainsi qu'aux autres, et même de donner le moyen d'en ériger de nouvelles;

2°. D'établir dans les grosses conduites et les artères correspondantes, une masse d'eau suffisante pour être répartie par des tuyaux secondaires dans toutes les rues, et portée facilement jusqu'au troisième étage des maisons;

3°. De prévenir la perte de six mille muids d'eau qui a lieu chaque jour par le mauvais système et le mauvais état des grosses conduites de Chaillot;

4°. De remplacer par les Pompes à feu le service de la Machine hydraulique du pont Notre-Dame, ainsi qu'on a fait de la Samaritaine, et de mettre à même de supprimer son bâtiment informe, qui offusque la vue et entrave la navigation;

5°. D'établir une correspondance entre les deux Pompes à vapeur, de manière à pouvoir les réparer alternativement, sans que jamais le service en souffre;

6°. D'épargner la dépense que fait la ville de Paris pour les réparations des grosses conduites, et de prévenir l'inconvénient qui résulte des fouilles continuelles dans les rues et sur les boulevards;

7°. De porter *au-dessous* des prises d'eau des deux Pompes à feu les immondices de Paris, y compris même la rivière de Bièvre, qui se jettent aujourd'hui dans la Seine *au-dessus* de ces prises d'eau.

Avant d'exposer ce projet, nous allons présenter brièvement l'état actuel du service des Eaux de Paris, et le système général des égouts.

ÉTAT ACTUEL DU SERVICE DES EAUX DE PARIS EN GÉNÉRAL.

Des établissemens de trois espèces fournissent aux habitans de Paris l'eau rigoureusement nécessaire à leur consommation; savoir :

1°. Les Sources de Belleville et des Prés-Saint-Gervais, au nord; et au midi, celles de Rungis et de Cachan, amenées par l'Aqueduc d'Arcueil;

2°. La Machine hydraulique du Pont Notre-Dame;

3°. Les Pompes à vapeur.

Je ne parle point ici des Eaux de l'Ourcq qui se distribuent dans Paris, parce que ces Eaux n'étant point encore potables, ne sont que d'un usage très-secondaire.

Chacun de ces établissemens contribue à la consommation journalière dans les proportions suivantes :

	pouces.
Sources du nord.	20
Sources du midi.	65
Pompe Notre-Dame.	70
Pompe à feu de Chaillot	160
Pompe à feu du Gros-Caillou.	60
TOTAL.	375 ou 27,000 muids.

Des Sources du nord.

Les Sources du nord comprennent toutes les eaux de Belleville, Ménil-Montant et les Prés-Saint-Gervais, recueillies dans des Aqueducs ou Pierrées d'un entretien peu dispendieux, dont la fondation date du règne de Philippe-Auguste.

Ces eaux, en général de mauvaise qualité, sont crues, dissolvent imparfaitement le savon, et cuisent mal les légumes.

Des Sources du midi.

Les Sources du midi réunies dans l'Aqueduc d'Arcueil, construit par Marie de Médicis, arrivent à la hauteur de l'Observatoire, d'où elles se distribuent avec facilité dans la partie de Paris située sur la rive gauche de la Seine, et même subsidiairement sur quelques parties de la rive droite.

L'Aqueduc est un monument aussi intéressant sous le rapport de l'art que sous celui de l'utilité publique.

Machines hydrauliques.

Les deux Machines hydrauliques du Pont-Neuf et du Pont-Notre-Dame, qui ont suffi pendant long-temps, avec les Sources du nord et du midi, à l'approvisionnement de Paris, furent établies, la première, sous le règne de Henri III, l'autre sous celui de Louis XIV. Elles servaient un grand nombre d'abonnemens et de concessions gratuites sur les deux rives de la Seine. Cependant les réparations qu'elles exigeaient sans cesse, et le peu d'eau qu'elles élevaient, ont fait concevoir depuis long-temps le desir de les supprimer. La Samaritaine a été abattue en 1812, et si l'autre machine ne l'a pas été en même temps, c'est qu'on manquait de moyen de suppléer complètement à son service journalier.

Des Pompes à vapeur.

Les établissemens dont nous venons de parler ne produisaient donc que 155 pouces d'eau, quantité insuffisante pour une capitale dont la population s'augmentait tous les jours. Vers le milieu du siècle dernier, toutes les idées se dirigèrent sur des moyens nouveaux de fournir des eaux potables à la ville de Paris. De Parcieux, et après lui Péronnet, avaient reconnu la possibilité d'amener, à la hauteur de l'Estrapade, deux à trois mille pouces d'eaux de l'Yvette et de la Biévre, dont l'analyse avait constaté la salubrité; mais il aurait fallu consacrer 8,000,000 à cette entreprise, et le Gouvernement hésitait, lorsque les frères Perrier proposèrent, en 1776, d'élever à leurs frais l'eau de la Seine, à l'aide de Machines à vapeurs, à condition qu'ils en auraient le privilége exclusif et la faculté de vendre l'eau à un certain prix, soit par abonnement dans les maisons particulières, soit en public par le moyen de fontaines réservées à cet effet. Leur projet était d'établir quatre Pompes, deux de chaque côté de la rivière, qui devaient se communiquer et être au besoin servies par les mêmes tuyaux. De ces quatre établissemens, deux seulement, ceux de Chaillot et du Gros-Caillou, ont été effectués. Toutefois ces deux Machines élèvent une masse d'eau presque suffisante pour la consommation personnelle des habitans de Paris, et leur service est d'autant plus important, que rien ne l'arrête, ni les crues, ni la baisse de la rivière, ni les réparations, ni les gelées. Mais comme elles consomment en combustible ce que les autres dépensent en réparation, il est à propos d'aviser aux moyens de ne rien perdre de l'eau qu'elles élèvent, afin qu'elles n'aient à élever que le volume nécessaire à la consommation.

On a calculé qu'un pouce d'eau potable suffit pour 2000 personnes. En portant à 600,000 le nombre des habitans de Paris, ce n'est donc que 300 pouces d'eau qu'il leur faut. J'en ajoute 100 pour que le service se fasse au-delà des besoins. Or, les Pompes à feu de Chaillot et du Gros-Caillou bien administrées, suffiront, avec les Sources du nord et du midi, pour fournir et au-delà ces 400 pouces nécessaires, les Aqueducs de l'Ourcq procurant d'ailleurs en abondance les eaux non potables pour la lessive, l'écurie, et les autres usages communs. Il faut d'ailleurs observer qu'une fois le système des grosses conduites changé, il sera facile d'établir dans les quartiers de Saint-Antoine et du Jardin des Plantes, de nouvelles Pompes à feu, si c'était nécessaire, ou plutôt encore, de profiter de la hauteur des eaux de l'Ourcq pour faire monter celles de la Seine dans de nouveaux réservoirs, ainsi que nous l'expliquerons plus bas.

ÉTAT ACTUEL DU SERVICE DES EAUX
SUR LA RIVE DROITE DE LA SEINE.

L'ÉTABLISSEMENT de Chaillot, qui fournit à la rive droite de la Seine, consiste en un corps de bâtiment solidement construit, dans lequel sont placées deux Pompes à vapeur, destinées à porter alternativement l'eau de la rivière à 35 mètres 75 centimètres au-dessus de l'étiage, dans quatre Réservoirs, contenant chacun 12,000 muids. Les chaudières et fourneaux de ces Pompes sont encore tels que les frères Perrier les ont établis. A l'exception de quelques légers changemens apportés à l'un d'eux par une compagnie qui avait entrepris de les chauffer par des moyens nouveaux, il n'a rien été imaginé pour les perfectionner. Il est cependant connu que depuis leur construction il a été obtenu, en Angleterre, plus de vingt patentes d'amélioration dans ce système, qui augmentent la force des machines et en diminuent le frottement et le combustible.

Il est prouvé par des expériences faites dans le mois de mai dernier, et renouvelées dans le mois d'octobre (1) avec une extrême exactitude, qu'une voie de charbon des Barthes, première qualité, se consomme en 4 heures 48 minutes, et élève dans le même temps 6209 muids d'eau, la Pompe donnant de 8 à 9 coups de piston par minute. Ainsi, en vingt heures de feu, il est possible d'élever 24,000 muids d'eau ou 300 pouces, qui, joints aux 60 pouces de la Pompe du Gros-Caillou, et aux 85 des Aqueducs du nord et du midi, dépassent de moitié la quantité que nous avons reconnue suffisante à la consommation de Paris. Mais de la masse d'eau élevée par la Pompe de Chaillot, il n'en arrive à sa destination que 160 pouces ou 11,500 muids, divisés ainsi qu'il suit:

	pouces.	muids.
Abonnemens.	$5\frac{1}{2}$	396
Concessions gratuites	49	3,528
Palais du Roi	20	1,440
Maisons de bains	$5\frac{1}{2}$	396
Fontaines marchandes et gratuites	80	5,760
TOTAUX	160	11,520

Que devient le surplus, du moins jusqu'à concurrence de 17 à 18 mille muids, qu'on élève en effet tous les jours dans les bassins, pour maintenir la colonne d'eau à la hauteur nécessaire? Cette question, long-temps indécise, n'est plus un problême. De nombreuses expériences ont prouvé que les grosses conduites des Boulevards et de la rue Saint-Honoré perdent en vingt-quatre heures (2) 6000 muids d'eau. La perte excédant cette quantité

(1) Trois expériences suivies avec toute l'attention possible, tant à la Pompe qui élève l'eau, qu'aux bassins où elle arrive, ont donné à peu près le même résultat; résultat que, par cette raison, l'on est fondé à regarder comme constant, et d'autant plus satisfaisant d'ailleurs, qu'il excède celui qu'on obtinrent, à l'époque de l'une des dernières adjudications, des concurrens intéressés à faire produire à leur charbon respectif le plus grand effet possible.

Voici le détail des résultats partiels d'où l'on a tiré cette induction générale :

	Temps qu'a duré une voie de charbon.	Quantité d'eau élevée par cette voie de charbon.
1re. expérience.	4 h. 52 m.	1,460 millimètres.
2e. expérience.	4 33	1,410
3e. expérience.	4 59	1,430
Temps moyen	4 h. 48 m.	Quantités moyennes 1,433 millimètres.

Or, en multipliant le dernier nombre par $4\frac{1}{3}$, valeur très-approximative du millimètre de hauteur aux bassins, en muids, on a 6,209 muids.

Il est aisé de sentir qu'en faisant les mêmes épreuves sur toute autre espèce de charbon, l'on obtiendra des données aussi positives sur sa qualité et son énergie.

(2) En fermant exactement tous les branchemens entés sur les deux grosses conduites, et en ouvrant ensuite les bondes de Chaillot, il est clair que si l'eau diminue il y a perte, et que cette perte provient de la dégradation des grosses conduites, puisque aucune bouche de distribution n'est ouverte.

L'opération faite avec soin, à deux reprises différentes (dans les nuits du 11 au 12 et du 12 au 13 mai), a donné les résultats suivans :

Dans la nuit du 11 au 12, les conduites ont perdu, depuis

provient de quelques abus faciles à réprimer dans le service des concessions (1). Il a été prouvé, de plus, que toutes les soupapes des bassins ouvertes, il ne pouvait se répandre dans Paris, en vingt-quatre heures, plus de 16 à 17,000 muids, qui même encore n'alloient point jusqu'à l'extrémité des conduites, à cause du trop foible diamètre de ces conduites et des circuits inutiles qu'on leur a fait prendre.

Dans l'origine, la Pompe à feu de Chaillot n'avait qu'une conduite principale de douze pouces de diamètre, qui partant des bassins de Chaillot, suivait la rue de Berri et le faubourg Saint-Honoré jusqu'à la rue Saint-Florentin; là elle se partageait en deux branches, chacune de huit pouces de diamètre, dont l'une suivait la rue Saint-Honoré, l'autre les boulevards du nord. Ces dimensions, trop faibles, vu les pertes considérables et difficiles à reconnaître sur un si long trajet, dans un terrain rapporté, et très-perméable à l'eau, ne pouvaient suffire que pour les premières destinations; elles sont devenues absolument insuffisantes depuis que, selon le décret du 2 mai 1806, il faut servir un plus grand nombre de fontaines gratuites et d'établissemens publics. On crut remédier à cet inconvénient en établissant une seconde conduite de même diamètre que la première, destinée exclusivement au service des boulevards et des bassins des Tuileries; la direction de celle-ci est par le Cours-la-Reine et la place Louis XV. Ainsi pour obvier aux inconvéniens d'une conduite de 4805 mètres, on en a pratiqué une de 6152. Les pertes se sont accrues, comme on devait s'y attendre, en raison de ce plus long développement donné aux conduites. Le seul moyen de recouvrer ces 6000 muids d'eau, et d'en faciliter la distribution, est donc de donner aux conduites, avec un diamètre plus fort, une direction moins tortueuse, et de les mettre, dans des galeries, à l'abri des ruptures fréquentes qu'elles éprouvent à même la terre.

7 heures du soir jusqu'à 6 heures du matin, c'est-à-dire en 11 heures, savoir :

Celle du boulevard......	0,475 millimètres.
Celle Saint-Honoré.......	0,080
TOTAL.............	0,555

Laquelle somme divisée par 11, donne pour le détail de la perte horaire...... 0,050 et une fraction.

Dans la nuit du 12 au 13, depuis 9 heures du soir jusqu'à 5 heures du matin, c'est-à-dire en 8 heures, les mêmes conduites ont perdu, savoir :

Celle du boulevard......	0,320 millimètres.
Celle Saint-Honoré.......	0,065
TOTAL.............	0,385
Perte horaire...........	0,048 et une fraction.

La correspondance de ces deux résultats, qui ne diffèrent entre eux que de 2 millimètres, suffit pour donner une idée de la perte d'eau occasionnée par la rupture des grosses conduites. Il est à remarquer cependant que quelques circonstances ont nécessairement contribué à la faire paraître plus considérable qu'elle ne l'est dans l'état ordinaire du service, où il n'arrive jamais que tous les branchemens soient fermés, et rarement que les bassins de Chaillot soient en pleine charge, comme ils l'étaient au moment de l'expérience. Il est évident que dans ces deux derniers cas les issues sont plus impétueuses. Le résultat de ces épreuves ne peut donc pas être regardé comme rigoureusement exact; mais on peut toujours conclure que le volume d'eau qui s'égare par la dégradation des grosses conduites s'élève au moins à 5000 muids en vingt-quatre heures.

(1) Tels que le défaut de jaugeage des tonneaux, le peu de surveillance des fontainiers à l'égard de quelques abonnés, le service des bains publics et des palais royaux, etc.

EXPOSÉ DU PROJET D'AQUEDUC

POUR LE SERVICE DE LA RIVE DROITE DE LA SEINE.

Nous proposons de supprimer la conduite qui descend le long du Cours-la-Reine et se rend à la porte Saint-Antoine par la place Louis XV et les boulevards, ainsi que celle qui fournit de l'eau au bassin octogone des Tuileries, ce bassin devant, ainsi que ceux des parterres, être servi par les eaux de l'Ourcq; de supprimer également toute la partie de conduite dite de Saint-Honoré, depuis les bassins de Chaillot jusqu'au marché Saint-Jean; de construire un Aqueduc couvert, de deux mètres cinquante centimètres de large sur deux mètres cinquante centimètres de haut, depuis les bassins de Chaillot jusqu'à la fontaine du marché Saint-Jean, en passant par la grande rue de Chaillot, l'avenue des Champs-Elysées, la place Louis XV, la rue de Rivoli jusqu'à la place du Palais-Royal, les rues Saint-Honoré, de la Ferronnerie, des Lombards, de la Verrerie jusqu'au marché Saint-Jean (1), et de là, sous la rue Royale projetée, jusqu'à la place de la Bastille: ensemble, 6640 mètres. On établirait dans cet Aqueduc une conduite en fonte de deux pieds de diamètre, depuis la sortie des bassins de Chaillot jusqu'à la grande rue du même nom, de dix-huit pouces seulement depuis ce point jusqu'à la fontaine des Innocens, de quatorze pouces depuis les Innocens jusqu'à la rue Saint-Martin, enfin de douze pouces, de ce point au marché Saint-Jean. A partir de ce marché, on laisserait subsister les choses telles qu'elles sont, jusqu'au moment où l'ouverture de la grande rue Royale sera effectuée entre la place Baudoyer et celle de la Bastille.

Sur ces grosses conduites, mises ainsi à l'abri de toutes ruptures, seront branchés les tuyaux de distribution de la Pompe Notre-Dame, de manière à ce que rien ne soit changé dans son service, mais qu'il continue suivant un meilleur système, comme nous le verrons plus loin. Quant à la conduite des boulevards, il y serait parfaitement suppléé par quatre conduites d'embranchement à même la terre, ou renfermées dans des galeries, selon qu'il y aurait lieu, savoir: dans le parcours

De la rue Neuve de Berri jusqu'à la fontaine de la rue du faubourg du Roule, 500 mètres;

De l'avenue des Champs-Elysées à la fontaine de la place Beauveau, 400 mètres;

De la rue de Rivoli à la fontaine de la rue du Mont-Blanc, 1160 mètres.

De la rue de la Ferronnerie à la porte Saint-Denis, 1600 mètres;

En tout 3660 mètres, au lieu de 8600 que porte la grande conduite du boulevard et ses branchemens dans l'état actuel.

Ces nouvelles conduites seraient de différens diamètres, selon le volume d'eau que chacune

(1) On avoit d'abord été tenté de proposer de suspendre l'exécution de la partie de l'Aqueduc entre la Croix du Trahoir et la rue Saint-Martin, jusqu'à ce que l'alignement de la graude rue Royale fût définitivement arrêté; mais après avoir considéré que cet alignement, quel qu'il soit, pourvu qu'il parte du péristyle du Louvre, écarterait trop la conduite principale des fontaines et autres services de la rue Saint-Honoré; que dans tous les cas, il faudrait suivre une partie de la rue Saint-Honoré jusqu'à celle de l'Arbre-Sec, pour venir joindre la rue Royale; qu'en tenant compte du détour à faire, il n'y aurait rien à gagner sur la longueur dudit Aqueduc; enfin, que ce serait rejeter peut-être fort loin l'espoir de voir exécuter le projet en son entier: on s'est déterminé à proposer de pousser sur-le-champ l'Aqueduc jusqu'au marché Saint-Jean, point qui ne peut être attaqué par le projet de la rue Royale, et d'où l'on pourra reprendre la direction de cette rue pour se porter sur la place de la Bastille.

aurait à distribuer dans son cours, ou à transmettre à celle qui la suivrait, toutes choses faciles à calculer. Sur ces conduites considérées comme artères principales seraient branchés tous les tuyaux secondaires qui devraient porter l'eau dans les rues adjacentes, de manière à pouvoir servir les maisons jusqu'à leur troisième étage.

Application du projet de galerie couverte pour la distribution des eaux sur la rive droite de la Seine, au système général des égouts sur cette même rive.

Une grande ligne culminante non interrompue, de l'est à l'ouest, et peu distante de la rive droite de la Seine, versait, de temps immémorial, les eaux de cette partie de Paris dans un ruisseau, au pied de l'amphithéâtre des collines qui forme son enceinte du côté du nord.

Ce cloaque naturel, dont les seuls ouvrages d'art consistaient encore, au commencement du siècle denier, en quelques portions éparses de murs de soutènement, a 6400 mètres de long, et l'espace qu'il embrasse pour atteindre aux deux points extrêmes de la ligne culminante dont j'ai parlé d'abord, est d'environ 460 hectares. Ainsi la plus grande partie des immondices du nord de Paris va se perdre dans la Seine, sous le faubourg de Chaillot, au-delà de la prise d'eau de la Pompe à feu, des Puisards et autres Machines hydrauliques à l'usage de notre ville.

Toutefois ces eaux, chargées d'immondices, demeureraient en flaques stagnantes dans 34 bassins formés par les inégalités du sol, si l'on n'avait pourvu à leur écoulement vers le réceptacle commun, par plusieurs galeries d'égouts dont les bouches s'ouvrent au milieu de ces bassins. Tel est le système de cloaques assez bien ordonné, au-delà du seuil qui sépare la Seine du ruisseau des vallées de Charonne, Ménil-Montant, Belleville, Montmartre et Chaillot.

Mais de l'autre côté de ce seuil ou élévation naturelle, les immondices amassées de même dans plusieurs bassins au nombre de 19, se jettent immédiatement dans la Seine par une multitude d'issues, au grand préjudice de la salubrité de l'air et des eaux.

C'est surtout dans la partie du nord-ouest que le mal est grand, et qu'il exige par plus de raisons nos premiers soins.

Comme la ligne culminante est plus éloignée de la Seine en cet endroit que partout ailleurs, les immondices qu'elle y verse sont aussi plus abondantes; et c'est sous les murs du Louvre, sous les fenêtres et les terrasses des Tuileries, au pied et à travers des plus beaux quais, que ce hideux dégorgement s'opère. L'égout de la barrière des Sergens a son issue sous le pont des Arts; ceux de la rue Froidmanteau, du Palais-Royal, de la rue du Lycée, de la rue de Richelieu, de la rue de Quiberon, du Carrousel, ont leur débouché aux deux côtés du magnifique port du Louvre; les immondices des égouts de la rue de Rivoli, de la rue Saint-Florentin, de la rue des Champs-Elysées et de la place de Louis XV, tombent rassemblées au bas des rampes du pont de Louis XVI; tous ensemble apportent à la Seine les eaux et la fange étendues sur plus de cent hectares de superficie, dans l'un des quartiers de Paris les plus populeux.

J'ai donc fait examiner s'il ne serait pas possible de donner à ces égouts une direction commune sous l'avenue des Champs-Elysées, jusqu'à la rencontre du grand cloaque de ceinture, en appliquant à ce service la galerie nécessaire au grand Aqueduc de la Pompe à feu dont on vient de voir le détail.

Voici le résultat de cet examen :

En baissant la cunette de l'égout de la rue de Rivoli de 2 mètres 16 centimètres au point marqué (nº 6) sur le plan ci-joint, cette cunette se trouverait encore à 4 mètres 35 centimètres au-dessus de la ligne des basses eaux, marquée zéro à l'échelle du pont des Tuileries, que je vais continuer à prendre pour mesure commune. Le fond du grand égout de ceinture, peu au-dessous de son passage sous l'avenue des Champs-Elysées, marque à cette échelle 1 mètre 73 centimètres au-dessus de zéro. La différence de l'un à l'autre point est donc de 2 mètres 62 centimètres, ce qui suffit pour établir une pente d'un millimètre par mètre (1); et comme le niveau du sol dans ce trajet est partout à 8 mètres au moins au-dessus de zéro, rien ne s'oppose à la construction d'une galerie continue de 2 mètres et plus de hauteur, sur tellelargeur qu'il sera nécessaire (2).

Actuellement, si l'on examine les galeries des égouts dont j'ai parlé plus haut, et dont les regards sont marqués par les nºˢ 1, 2, 3, 4, 5, on reconnaît qu'à l'aide de quelques remaniemens intérieurs, praticables partout, elles peuvent prendre leur direction avec une pente suffisante jusqu'au point nº 6, marquant 4 mètres 35 centimètres. Tout au plus on aurait à laisser couler vers la Seine les eaux pluviales des quais, d'une partie du Carrousel, et de la place Louis XV.

Résumé du projet pour la rive droite de la Seine.

L'ensemble de cette partie de travaux consisterait donc à établir des conduites en fer d'un diamètre plus ou moins grand dans une suite de galeries de 6640 mètres;

A faire, soit à même la terre, soit dans des galeries moins vastes que la première, 3660 mètres de conduite d'embranchement, aussi de divers diamètres;

A remanier les galeries des égouts sous la cour du Louvre, la rue du Coq, la rue des Boucheries, la rue de Rivoli, la place Louis XV;

A reporter vers l'un des points du prolongement de la rue de Rivoli, la bouche de l'égout du bas de la rue Froidmanteau.

De leur côté, MM. les architectes de Sa Majesté pourvoiraient, quand il serait temps, au versement des eaux du Carrousel, des cours et des intérieurs du palais, dans le nouveau cloaque.

Mais de ces 6640 mètres de galerie directe, 800 se trouvent déjà pratiqués, sauf un remaniement dans l'égout de la rue de Rivoli; et l'on profitera des galeries déjà projetées et portées en dépense au devis du canal de l'Ourcq, pour 400 mètres, dans le parcours de la rue de Chaillot à l'Etoile des Champs-Elysées, et pour 160 mètres en travers de la place Louis XV. On n'aurait à prendre sur de nouveaux fonds que ce qui serait nécessaire pour donner à ces portions de galerie des dimensions plus grandes que celles qui leur étaient assignées lorsqu'il ne s'agissait que du seul service des eaux de l'Ourcq.

(1) La pente du grand égout de ceinture n'est que de 8 millimètres par 10 mètres.

(2) L'idée de faire servir les égouts à contenir les conduites des eaux est due à M. Girard, ingénieur en chef et directeur du canal de l'Ourcq, qui l'a employé avec succès dans la distribution des eaux dans Paris. Cette méthode est en pratique depuis long-temps à Rome, les conduites sont encastrées dans un massif de maçonnerie.

En déduction de ces frais, ainsi que nous l'exposerons plus loin, on doit faire entrer en compte l'économie journalière du charbon qui se consume pour élever en pure perte 6000 muids d'eau tous les jours;

Les frais et les incommodités du remuement du pavé pour l'entretien des Aqueducs à même la terre;

L'avantage de substituer, sans autre dépense, les eaux de la Pompe à feu à celle de la Pompe Notre-Dame;

La valeur des matériaux à provenir de la démolition de cette Machine;

La valeur de 12,570 mètres de tuyaux de fer formant les deux grandes conduites actuelles;

Celle, enfin, de 1146 mètres de ces mêmes tuyaux et d'une partie considérable de plombs actuellement en double emploi avec les conduites des Pompes à feu, ou affectés à des services que celles-ci seront seules désormais chargées de faire.

Ainsi se complétera, sur la rive droite de la Seine, un système d'Aqueducs et de Cloaques dignes de la première ville de l'Europe.

Toutefois le service d'un si grand nombre de fontaines publiques et de concessions particulières dépendant de l'activité d'une seule Machine, pourrait laisser quelque inquiétude. La seconde partie de ce projet, concernant l'autre rive de la Seine, va répondre à cette objection.

ÉTAT ACTUEL DU SERVICE DES EAUX

SUR LA RIVE GAUCHE DE LA SEINE.

La rive gauche de la Seine est pourvue, comme l'autre, d'une Machine à vapeur située sur le quai du Gros-Caillou. Cet établissement se compose de deux Pompes, dont la force et par conséquent le produit ne sont que le quart de celles de Chaillot; elles ne marchent ordinairement que pendant le jour, et une grande partie de l'eau qu'elles élèvent retombe en pure perte dans la rivière, faute de réservoir assez grand pour la contenir. Leur seul réservoir consiste dans le comble d'une tour quarrée qui s'élève au milieu du bâtiment, à 35 mètres au-dessus des basses eaux de la Seine. De ce réservoir descend une conduite d'environ 32 centimètres de diamètre, sur laquelle sont établis divers branchemens qui vont alimenter, concurremment avec la Pompe Notre-Dame, le faubourg Saint-Germain dans toute sa longueur, depuis la place des Invalides jusqu'à la fontaine Saint-Severin.

Si les eaux de cette Pompe, dont l'ascension est la même que celle des eaux de la Machine de Chaillot, s'amassaient, comme celles-ci, dans de vastes réservoirs, et que l'on mît les conduites de l'une et de l'autre en communication, elles pourraient, en tous cas d'accidens, se suppléer; et la plus forte ou plutôt la seule objection à la suppression de la Pompe Notre-Dame serait par là détruite. La première chose à faire serait donc de construire, pour la Pompe du Gros-Caillou, de vastes réservoirs sur les terrains vagues ou plantés en pépinières du Palais du Luxembourg, terrains dont le niveau est le même que celui du grand bassin de la Villette, et 6 mètres seulement au-dessous du faîte de la Pompe à feu dont ils sont distans d'environ 4000 mètres. Ce seul ouvrage mettrait à même d'assurer d'abord le service actuel, et de pourvoir à la communication entre les conduites des deux Machines, ainsi que nous allons l'exposer.

PROJET D'AQUEDUC

POUR LE SERVICE DE LA RIVE GAUCHE DE LA SEINE.

DANS l'état actuel, la principale conduite de la Pompe du Gros-Caillou se développe, depuis son origine jusqu'à la fontaine Saint-Severin, sur un parcours de 3656 mètres. Cette conduite de divers diamètres est, comme celles de la Pompe du Nord, partout trop étroite et sans proportion avec les services qu'elle doit faire, résultat ordinaire de travaux exécutés par des particuliers, successivement et sans un plan général irrévocablement arrêté d'avance. De ce côté aussi, comme de l'autre, les tuyaux sont à même la terre.

On propose de remplacer ces conduites par d'autres de proportion meilleure, pour lesquelles on construirait une grande galerie partant du bord de la Seine au pied de la Pompe à feu du Gros-Caillou. Cette conduite se dirigerait sous le quai du Gros-Caillou jusqu'à la rencontre de l'égout de l'Esplanade des Invalides; de là jusqu'au carrefour de Bussy, en passant par les rues de l'Université, du Colombier et de Seine; puis par la rue Saint-André-des-Arcs, la rue Mâcon et la rue Saint-Severin, jusqu'à la fontaine du même nom, et enfin jusqu'à la rue Saint-Victor par la rue Galande, ensemble un parcours de 4400 mètres.

Sur cette grande galerie seraient pratiqués également sous des Aqueducs couverts, mais de dimensions moins grandes, trois grands branchemens pour établir la communication entre les deux Pompes du Gros-Caillou et de Chaillot, et les mettre ainsi conjointement à même de servir les deux rives.

De ces branchemens, le premier s'établirait par le pont de Louis XVI, depuis la rencontre de l'égout des Invalides jusqu'au milieu de la place Louis XV, sur une longueur de 900 mètres;

Le second, du carrefour de Bussy à la rue Saint-Honoré, par la rue Dauphine, le Pont-Neuf, la rue de la Monnaie et la rue du Roule, 950 mètres;

Le troisième, depuis la rue Mâcon jusqu'à la rue de la Ferronnerie, par le pont Saint-Michel, l'île du Palais, le Pont-au-Change, et la rue Saint-Denis, 875 mètres.

Un quatrième branchement, ou plutôt un prolongement de la conduite de communication du Pont-Neuf, également en aqueduc voûté, communiquerait de la grande galerie aux servoirs construits dans les pepinières du Luxembourg, en suivant la rue de Condé, la place Saint-Michel, la rue d'Enfer, environ 1400 mètres.

Total des conduites d'embranchement 4150 mètres, qui, joints aux 4400 de conduites directes, donnent un total de 8550 mètres. De ces conduites d'embranchement, 900 mètres dans le parcours du centre de la place Louis XV à l'esplanade des Invalides, et 900 dans le parcours de la rue Mâcon à la rue des Lombards, font déjà partie des travaux portés en compte au devis du canal de l'Ourcq. Pour le surplus, il suffira de galeries de 1 mètre 50 centimètres au plus de largeur.

Application du projet de galerie couverte pour la distribution des eaux sur la rive gauche de la Seine, au système général des égouts sur cette même rive.

Au sud de Paris, la colline ne s'éloigne pas, comme de l'autre côté, en amphithéâtre; mais, par un mouvement correspondant, son centre s'avance en promontoire jusque sur la rive du fleuve. Cette pente est rapide, surtout entre le sud-est et le sud-ouest. Ainsi les eaux ont naturellement un cours facile, et ne formeraient point un aussi grand nombre de flaques stagnantes que dans la plaine du nord. Les bassins des égouts sont donc plus vastes et moins nombreux, et les eaux dont le cours est vif se rendent presque partout dans la Seine, pour ainsi dire d'elles-mêmes, sans qu'il ait été besoin de creuser des bassins souterrains.

La rivière de Bièvre, déjà chargée des immondices d'un grand nombre de tanneries, d'amidonneries, et d'autres usines infectes, reçoit encore les eaux et la fange d'une assez grande étendue de cette partie sud-est de Paris. C'est un autre grand égout, différent cependant de celui du nord, en ce qu'au lieu de charrier les immondices au-dessous de la ville, il les ramasse et les apporte même de fort loin pour les verser dans la Seine, immédiatement au-dessus du pont du Jardin des Plantes.

Les autres égouts considérables du sud, sont ceux de la rue des Grands-Degrés, de la rue du Fouarre, de la rue de la Bûcherie, de la rue de la Huchette, dont les voûtes, de peu d'étendue, reçoivent cependant les eaux de vastes bassins. Puis viennent les égouts plus abondans encore de la rue du Paon, de la rue de Seine, de la rue Taranne, de la rue de Poitiers et de la rue de Belle-Chasse, qui se vont décharger à droite et à gauche du pont des Arts, sous le quai Voltaire et le quai d'Orsay, en face du Louvre et des Tuileries; en sorte que de ce côté, comme de l'autre, cette partie si magnifique des rives de la Seine est cependant la plus infectée d'immondices.

Un cloaque pour reporter toutes ces immondices au-dessous de la ville et de la prise d'eau des machines hydrauliques de Chaillot et du Gros-Caillou n'est donc pas moins nécessaire sur cette rive que sur l'autre.

Examen fait du mouvement du sol (1), nous avons reconnu,

1°. Que le lit de la Bièvre peut être soutenu depuis la rue Saint-Hippolyte et la rue Mouffetard jusqu'à la rue du Jardin des Plantes; de sorte qu'il se trouverait encore en cet endroit à *neuf mètres* au-dessus de o de l'échelle marquant au Pont-Royal le niveau des plus basses eaux.

2°. Que de la rue du Jardin des Plantes au rivage du Gros-Caillou, correspondant à l'embouchure du grand égout du nord sous le quai de Chaillot, la pente est de plus de neuf mètres, sur un parcours ci-après indiqué de six mille deux cents mètres.

3°. Que dans ce parcours, qui est celui de la rue du Jardin des Plantes, de la rue Saint-Victor, de la rue Galande, des rues Saint-Severin, Saint-André-des-Arcs, de Seine, du Colombier, et de l'Université jusqu'au-delà du Gros-Caillou, la hauteur de la surface du pavé permet partout de pratiquer une galerie de deux mètres et demi sous clef de la voûte, au-dessus du plan incliné souterrain dont je viens de parler; c'est-à-dire depuis le niveau du lit soutenu de la Bièvre jusqu'à l'étiage de la Seine au-dessous du Gros-Caillou.

(1) Cet examen et celui qui le précède sont basés sur le relevé des hauteurs du sol de Paris, fait il y a quelques années, avec beaucoup de soin, par M. Egaut, ingénieur des Ponts et Chaussées.

Rien donc ne s'oppose à la construction d'un cloaque qui, prenant d'abord les eaux de la Bièvre, puis successivement celles des divers égouts mentionnés plus haut, les porterait au-dessous de Paris, ainsi que fait au nord le grand égout.

Pour approprier à ce service important tout l'Aqueduc, en conduite directe, de la Pompe à feu du Gros-Caillou, tel que j'en ai donné le tracé dans la précédente partie de ce projet, il suffira de le prolonger à l'est, sous la rue du Jardin des Plantes, 400 mètres; et à l'ouest, depuis le centre de l'esplanade des Invalides jusqu'au bord de la Seine, au point correspondant à l'embouchure du grand égout sur l'autre rive, 1400 mètres.

Ce second cloaque, plus magnifique encore et non moins utile que l'autre, aurait un développement de 6200 mètres.

Sa largeur, afin d'être appropriée au double service d'égout et d'aqueduc, devrait être de deux mètres et demi, et sa hauteur, y compris la cunette d'égout, aussi de deux mètres et demi.

Sans doute cette grande et utile entreprise serait dispendieuse. Mais outre qu'elle fournit elle-même les moyens d'une partie de son exécution, ainsi que nous l'avons dit plus haut, répartie sur l'exercice de plusieurs années, elle serait peu onéreuse à chacune.

APERÇU

DE LA DÉPENSE ET DES MOYENS D'EXÉCUTION DE TOUT LE PROJET.

Deux opérations distinctes se présentent dans l'exposé de ce plan. La première consiste dans le changement des conduites anciennes en conduites d'un diamètre plus fort et disposées sur une ligne plus directe, de manière à pouvoir fournir de l'eau dans toutes les rues sans obstacle et sans interruption. Pour cela on aurait à faire les frais d'achat et de pose des nouvelles conduites; mais on profiterait de la totalité des anciennes, et d'une masse considérable de plomb devenue inutile. Suivant le relevé fait avec beaucoup de soin par M. Bralle, il y aura pour payer 4,548,092 livres pesant de conduites de fonte qui sont à fournir, une valeur de 1,250,000 fr., en tuyaux de fer et en vieux plombs, somme qui excède de 101,088 fr. la dépense d'achat et de pose des tuyaux neufs.

Ainsi je suppose qu'on voulût se borner au changement de système des conduites, et renoncer aux avantages des Aqueducs voûtés et des grands Cloaques, on exécuterait cette partie de projet sans aucune dépense, et seulement en établissant un meilleur système de distribution. Mais on ne remédierait pas à l'inconvénient des fuites d'eau, du remaniement continuel du pavé, de l'incertitude dans les dépenses et les recettes, et l'on perdrait l'immense avantage de débarrasser la rivière d'une masse énorme d'immondices. Ces considérations nous obligent à insister pour la dépense des Aqueducs, que nous évaluons par approximation ainsi qu'il suit :

L'état annexé à ce rapport porte à 14,120 mètres de longueur les galeries de différentes dimensions dont nous proposons la construction; or, les travaux du canal de l'Ourcq ont fixé le prix de ces sortes d'ouvrages. Les plus considérables, assimilés à peu près à l'Aqueduc de ceinture, n'excéderaient pas la somme de 300 fr. par mètre. Ceux-là entrent dans notre état pour 11,480 mètres.

Ceux d'une dimension moindre seraient semblables à ceux de l'égout du Ponceau, payés

250 fr. le mètre, et les plus petits ne coûteraient pas au-delà de 150 fr. En prenant pour ces deux dernières sortes le terme moyen, 200 fr., le tout ensemble reviendrait à la somme de 3,972,000 fr.; qui, par la nature même du travail, ne pouvant se dépenser en moins de cinq ans, ne chargerait chaque exercice que de huit cents mille francs.

Pour subvenir, du moins en partie, à l'ensemble de cette dépense, on aurait,

1°. L'excédent sur les ventes des plombs supprimés. . . . . 101,088 fr.

2°. La valeur de la Pompe Notre-Dame, environ. 100,000

3°. Celle des plombs des Aqueducs de Belleville et d'Arcueil, en appliquant aussi à ce service le système bien préférable des conduites en fonte (1) . . 224,578

4°. Le capital du charbon consommé annuellement pour élever 6000 muids d'eau 432,000

5°. Celui des réparations fréquentes qui s'élèvent par an à plus de 50,000 fr. (2) 1,000,000

Ainsi l'exécution entière de ce grand projet coûterait en effet peu de chose à la ville de Paris.

Si le Gouvernement lui faisait, à fur et à mesure, l'avance des sommes nécessaires à son exécution, elle pourrait aisément en servir les intérêts sans rien changer à son budjet actuel, et la nouvelle capitale du monde civilisé, semblable à l'ancienne, aurait un système de grand cloaque (3) *(cloaca maxima)* et de distribution d'eaux qui ne se trouverait nulle part en Europe aussi bien organisé.

Dès à présent on pourrait entreprendre seulement, comme plus urgent et plus profitable, les travaux depuis les bassins de la Pompe à feu de Chaillot jusqu'au marché Saint-Jean, d'où résulterait la suppression de toute la conduite des boulevards jusqu'à la porte Saint-Denis.

La partie ultérieure de cette conduite, branchée sur l'Aqueduc transversal de la rue de la

(1)

Aqueduc d'Arcueil.	KILO.	LIVRES.
Plombs à supprimer	413,377	844,695
Lesquels seraient remplacés par des conduites en fer du poids de	264,144	534,621
Eaux des Prés-Saint-Gervais.		
Plombs à supprimer	231,122	472,161
Lesquels seraient remplacés par des conduites en fer du poids de	273,769	559,161

TOTAL des plombs supprimés . . . . 1,316,856 liv., qui à 40 fr. le cent, donnent une somme de . . . . 526,742 fr.

TOTAL des tuyaux de *fonte* à établir . . . . . . 1,098,781 liv., qui à 27 c. coûteront 302,164

BÉNÉFICE sur ce changement . . . . 224,578 fr.

Ces états détaillés dans les tableaux qui les suivent, m'ont été fournis par M. Bralle, et ont été vérifiés par M. Boutard, alors chef des archives des Ponts et Chaussées à la Préfecture de la Seine, qui m'a été fort utile dans les recherches nécessaires à la rédaction de ce projet.

(2) Pour se faire une idée de ces dépenses, il suffit de dire que l'éclairage seul de ces fouilles, qui ont été faites pendant l'année 1811, a coûté à la préfecture de police plus de 20,000 fr.

(3) Ce projet de grands égouts parallèles à la Seine n'est pas entièrement nouveau; il fut proposé un travail semblable fort anciennement, par un sieur Frignet, ingénieur des États de Bretagne; mais outre que ce projet ne comprenait pas les conduites des eaux, l'auteur faisait passer ces deux égouts sous les quais, ce qui obligeait à entamer les culées des ponts et à suivre la quantité de ressauts qui existent à cette occasion sous les quais. Son plan fut regardé comme impraticable, et n'eut plus aucune suite.

Ferronnerie à la porte Saint-Denis, continuerait, jusqu'à nouvel ordre, à faire le service des quartiers du Temple et du faubourg Saint-Antoine.

Les travaux du midi, et avec eux la suppression de la Pompe Notre-Dame, se feraient ensuite.

Puis viendraient en troisième lieu, lors de l'exécution du projet de la rue Royale, la prolongation de l'Aqueduc du nord, jusqu'à la porte Saint-Antoine, et la suppression de la conduite depuis la porte Saint-Denis jusqu'à la porte Saint-Antoine.

Dans l'exposé de ce projet, nous avons omis quelques autres avantages qui lui sont cependant inhérens. Tel est le moyen de connaître exactement la distribution de l'eau; la possibilité de réunir les eaux d'Arcueil au réservoir de la Pépinière du Luxembourg, pour absorber la surabondance de parties calcaires séléniteuses qu'elles contiennent; celle d'établir, de distance en distance, des robinets d'arrêt pour procéder à la réparation des tuyaux sans interrompre le service, celle de supprimer les inutiles réservoirs des fontaines (1) nommés cuvettes de jauges, toutes choses impossibles ou d'une exécution plus ou moins difficile dans l'état actuel.

Il faudrait sans doute ajouter à ces dépenses la masse de tuyaux secondaires pour porter l'eau dans toutes les rues, ainsi que les branchemens des maisons, les réservoirs, robinets et autres dispositions pour fournir l'eau dans les maisons des particuliers à un taux peu élevé; mais toutes ces dépenses devant, comme nous l'avons indiqué dans la Préface, produire un grand revenu, elles n'entrent point particulièrement en ligne de compte ni pour la ville de Paris si elle en faisait les frais, ni pour la compagnie qui l'entreprendrait.

(1) La plupart des fontaines reçoivent les eaux de la conduite principale par un tuyau de plomb qui les porte au haut de leur bâtiment dans une sorte de réservoir en plomb nommé cuvette de jauge. De là les eaux sont distribuées par autant de petites ouvertures qu'il y a de concessionnaires ou d'abonnés; opération fautive et dispendieuse : fautive parce qu'elle perd nécessairement de la force de l'eau en la faisant monter inutilement à une très-grande hauteur; dispendieuse parce qu'elle double les tuyaux de distribution pour arriver chez les particuliers, et qu'elle nécessite des bâtimens considérables. Il est un moyen d'opérer le même effet, c'est-à-dire le *jaugeage des concessions*, en pratiquant de distance en distance, et aux places où existent à présent les fontaines de distribution, des regards souterrains ou autrement des voûtes, dans lesquels seraient placés des *globes creux en fonte*, connus, en termes d'hydraulique, sous le nom d'*écrevisses*, et contenant les orifices nécessaires à la distribution, ainsi qu'une ouverture plus grande pour les tuyaux d'incendie. Ces nouveaux récipiens placés sous le sol ne gêneraient point la voie publique et seraient faciles à gouverner. Cette mesure au surplus deviendrait inutile lorsque des tuyaux seraient distribués dans toutes les rues, et que chaque maison pourrait être servie par la conduite qui l'avoisinerait.

RELEVÉ DES AQUEDUCS A CONSTRUIRE.

INDICATIONS DES EMPLACEMENS.	LARGEUR.							
	EN MÈTRES.	PIEDS.	MÈTRES.	PIEDS.	MÈTRES.	PIEDS.	MÈTRES.	PIEDS.
	2, 50	5,0°, 11	1, 50	4,7°, 4	1, 30	4,0°, 0	1, 15	3,6°, 6
Depuis les réservoirs de Chaillot jusqu'à la place du Palais-Royal, non compris les parties communes aux eaux des Pompes à feu et à celles du canal de l'Ourcq.	3,780m	1,189p						
Depuis la place du Palais-Royal jusque vis-à-vis la fontaine des Innocens.	1,000	515						
Depuis la fontaine des Innocens jusqu'à la rue Saint-Martin.	500	154						
Depuis la rue Saint-Martin jusqu'à la fontaine du marché Saint-Jean.	480	246						
Depuis la fontaine du marché Saint-Jean, pour rejoindre l'alignement de la grande rue Impériale, à la hauteur de la place Beaudoyer.	60	31						
De la place Beaudoyer à la place de la Bastille. . . .	1,120	574						
Depuis la rue Saint-Honoré, au droit de la rue du Roule jusques au carrefour de Bussi.	. . . . .	. . . . .	950m	487p				
Depuis le carrefour de Bussi jusqu'au terrein des pepinières du Luxembourg.	. . . . .	. . . . .	. . . . .	. . . . .	. . . . .	. . . . .	1,400m	718p
Depuis la rue de Rivoli, par la rue Castiglione, jusqu'à la place Vendôme, à la rencontre de la galerie de l'Aqueduc de l'Ourcq	. . . . .	. . . . .	. . . . .	. . . . .	290m	149p		
Depuis l'Aqueduc étant sous le quai Bonaparte, au bas du quinconce des Invalides, jusques au carrefour de Bussi.	2,630	1,348						
Depuis le carrefour de Bussi jusqu'à la fontaine Saint-Severin.	620	318						
Depuis la fontaine Saint-Severin jusqu'à la rue Saint-Victor, au coin de la rue de Seine.	1,150	590						
Depuis la fontaine d'Alexandre jusqu'à l'extrémité de la rue du Jardin des Plantes.	400	205						
Depuis l'esplanade des Invalides jusqu'au-delà du Gros-Caillou.	1,400	718						
LONGUEUR TOTALE. . . . 14,120m ou 7241t.	11,480m	5,887p	950m	487p	290m	149p	1,400m	718p

ETAT comparatif des valeurs et dimensions des Conduites à supprimer et à fournir.

	Diamètres.																				TOTAUX des poids des métaux supprimés.	TOTAUX des poids des métaux à fournir.
	MÈTRES	POUCES	MÈTRES	POUCES	MÈTRES	POUCES	MÈTRES	POUCES	MÈTRES	POUCES	MÈTRES	POUCES	MÈTRES	POUCES	MÈTRES	POUCES	MÈTRES	POUCES	MÈTRES	POUCES		
	[illegible]	[illegible]	[illegible]	[illegible]	[illegible]	[illegible]	[illegible]	[illegible]	[illegible]	[illegible]	[illegible]	[illegible]	[illegible]	[illegible]	[illegible]	[illegible]	[illegible]	[illegible]	[illegible]	[illegible]		
À employer	[illegible]	[illegible]	[illegible]	[illegible]	[illegible]	[illegible]	[illegible]	[illegible]	[illegible]	[illegible]	[illegible]	[illegible]	[illegible]	[illegible]	[illegible]	[illegible]	[illegible]	[illegible]	[illegible]	[illegible]		
À supprimer					[illegible]	[illegible]	[illegible]	[illegible]	[illegible]	[illegible]	[illegible]	[illegible]	[illegible]	[illegible]	[illegible]	[illegible]	[illegible]	[illegible]	[illegible]	[illegible]		
Quantités à fournir	[illegible]	[illegible]	[illegible]	[illegible]	[illegible]	[illegible]	[illegible]	[illegible]	[illegible]	[illegible]	[illegible]	[illegible]	[illegible]	[illegible]	[illegible]	[illegible]	[illegible]	[illegible]	[illegible]	[illegible]	LIVRES.	LIVRES.
Quantités disponibles							[illegible]	[illegible]	[illegible]	[illegible]	[illegible]	[illegible]	[illegible]	[illegible]	[illegible]	[illegible]	[illegible]	[illegible]	[illegible]	[illegible]		
	[illegible]																					[illegible]
			[illegible]																			[illegible]
					[illegible]																	[illegible]
							[illegible]														[illegible]	
									[illegible]												[illegible]	
											[illegible]											[illegible]
													[illegible]									[illegible]
															[illegible]							[illegible]
																	[illegible]				[illegible]	
																			[illegible]			[illegible]
																					[illegible]	[illegible]

RÉSULTATS

Poids des conduites à établir . . . . [illegible]

Poids des conduites disponibles provenant des suppressions . . . . [illegible]

Excédent de poids des conduites à fournir . . . . [illegible]

Lesquelles conduites calculées à raison de [illegible] fr. [illegible] le cent, valent . . . . [illegible]

La valeur des plombs à supprimer sur les conduites dans l'intérieur de Paris, en calculant à raison de [illegible] fr. le cent, est de . . . . . [illegible]

La vente des plombs des Aqueducs, après l'établissement des conduites en fonte, présente un bénéfice de . . . . [illegible]

Total de la valeur des plombs . . . . [illegible]

Prix des fontes à fournir . . . . [illegible]

Plus-value des plombs . . . . [illegible]

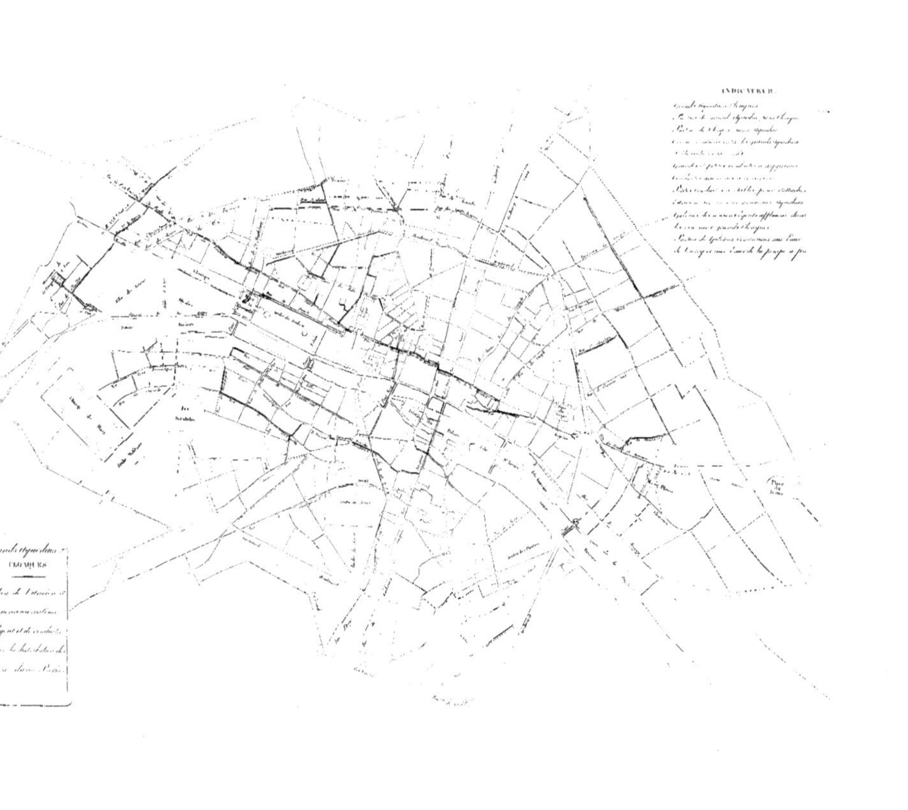

PROJET D'ÉTABLISSEMENT
D'UN LAVOIR PUBLIC
SUR
LE TERRAIN DÉPENDANT DE LA POMPE A VAPEUR DU GROS-CAILLOU,

Afin de profiter des eaux chaudes et froides de cette pompe qui se perdent journellement, et en même temps débarrasser la rivière des bateaux de blanchisseuses qui l'encombrent.

PARMI les établissemens qui appartiennent à la distribution des eaux, il en est plusieurs qui manquent absolument dans Paris, entre autres, des Lavoirs publics, qui mettroient à portée de supprimer cette multitude de bateaux à lessive qui entravent la navigation. La seule inspection de ces barques, où, moyennant une légère rétribution, les blanchisseuses sont reçues pour laver le linge, suggère l'idée de destiner à cet usage des établissemens mieux entendus, et disposés de manière à ce que les personnes qui les fréquentent ne puissent plus dénaturer l'eau qui entre dans la consommation des habitans de Paris.

Une considération particulière recommande ce projet à l'intérêt de l'Administration : elle possède la facilité d'établir ce Lavoir à peu de frais, sur le terrain dépendant de la pompe à feu du Gros-Caillou, et cette même pompe peut fournir toute l'eau froide et chaude nécessaire pour l'alimenter, sans qu'il soit besoin d'augmenter la dépense du combustible qui entretient son activité, et de détourner une seule goutte de l'eau qu'elle fournit à la consommation et à l'arrosement de la capitale. Quelques détails expliqueront cette assertion, qui, au premier aspect, semble au moins problématique.

L'eau aspirée par la pompe à vapeur du Gros-Caillou arrive dans une cuvette située au haut du bâtiment, d'où elle se précipite dans la conduite destinée à la répartir aux divers quartiers de la rive méridionale de la Seine. Quand la pompe élève plus d'eau que la conduite n'en absorbe, le réservoir se remplit, et le superflu ne tardant pas à déborder, retombe et retourne en pure perte à la rivière ; cet inconvénient résultant d'un défaut de calcul dans la construction originaire de ce réservoir et du bâtiment qui le supporte, est inévitable; l'on jugera de son importance, quand on saura que cette quantité d'eau jointe à celle qui se perd de la bâche située sur le sol de la pompe est évaluée à 450 muids par jour. Outre ce volume d'eau froide restant, comme on vient de le voir, sans destination, il est un volume d'eau chaude à peu près égal qui se perd de la même manière, j'entends toute l'eau d'injection que les pompes évacuent et qui se perd chargée du calorique de la vapeur qu'elle vient de condenser. Or, en employant utilement ces deux produits, on auroit le double avantage de retrouver une grande partie de la valeur du combustible employé à élever l'un et à donner à l'autre le degré de chaleur qu'il acquiert. Ils seroient plus que suffisans pour alimenter d'eau froide et chaude le Lavoir proposé, et c'est ainsi que l'Administration peut se créer la source

5

d'un nouveau revenu sans augmenter ses dépenses, et faire tourner à son avantage, comme à celui du public, un produit perdu aujourd'hui pour tout le monde.

Des Bains et un Lavoir offriroient égalemont un emploi de ce produit. Mais des Bains dans le quartier où est située la pompe seroient peu fréquentés de la classe du peuple qui l'habite, au lieu qu'un Lavoir conviendroit parfaitement au Gros-Caillou, faubourg habité presque entièrement par des blanchisseuses qui vont laver au bord de la rivière, ou dans un bateau placé précisément à l'orifice du tube d'aspiration de la pompe à feu. Ce bateau dont les abords sont sales et difficiles, où les blanchisseuses sont exposées à toutes les intempéries des saisons, et à perdre souvent du linge entraîné par le courant, aux environs duquel elles ne trouvent point de facilités pour étendre le linge, seroit bientôt abandonné pour un édifice commode et bien couvert, où on leur offriroit, à un prix inférieur, les agrémens et les facilités qui leur manquent ailleurs.

Il est une autre considération relative à la salubrité publique, et qui semble devoir ajouter aux motifs qu'auroit le Gouvernement d'exercer le droit de propriétaire sur un établissement de cette nature : ce seroit la facilité de mettre les opérations du lavage sous l'inspection de la police, en réunissant dans des bâtimens publics les personnes qui exercent la profession de blanchisseuses. Nous insistons sur cette mesure, parce que la mauvaise qualité, le danger même de quelques-uns des ingrédiens que ces femmes font entrer dans leurs lessives, a attiré récemment l'attention de plusieurs médecins de la capitale.

A l'utilité de cet Établissement, il faut ajouter l'avantage de pouvoir commencer la suppression d'une multitude de bateaux presque tous en mauvais état, distribués sans symétrie le long des quais de Paris, et faisant un contraste choquant avec les magnifiques parapets qui encadrent les bassins situés entre les ponts. Telle seroit la suite nécessaire du projet que nous présentons, si son succès démontré par l'expérience, dans un quartier de la ville, engageoit à multiplier sur le cours de la Seine des Etablissemens de la même nature. Mais celui que nous proposons aujourd'hui n'étant, pour ainsi dire, qu'un Etablissement d'essai, nous avons jugé convenable d'en restreindre l'exécution à la moindre dépense possible.

La donnée principale étant une quantité disponible de 450 muids d'eau chaude et d'une égale quantité d'eau froide, le Lavoir sera combiné de manière à ce que le service du blanchissage puisse s'y faire avec ce volume d'eau qui sera recueilli dans un réservoir placé dans le bâtiment, au niveau de la bâche de la pompe à feu.

Le Lavoir établi sur le terrain situé au couchant de cette pompe occupera un espace de mètres carrés. (Voyez planche II.) Il présentera à peu près le même aspect qu'une façade nouvelle pour la Manufacture de tabac, dont le projet nous a été demandé par le Directeur Général des Droits Réunis et que nous indiquons ici. Ces deux édifices encadreront la pompe à feu et formeront deux lignes prolongées sur ce beau quai où l'on construira sans doute d'autres grands bâtimens. La rue de la Pompe étant changée, tout l'espace des terrains pourroit être consacré à la Manufacture de tabac. Le Lavoir sera composé d'un corps de bâtiment à quatre faces, entourant une cour. (Voyez planche III.) Le rez-de-chaussée de la face principale alignée sur le nouveau quai des Invalides, servira à la porte d'entrée et aux logemens des concierges de l'établissement. Le rez-de-chaussée des trois autres côtés sera occupé par 120 cases, dont chacune aura 8 pieds de longueur, 5 de largeur, et où deux femmes seront à l'aise pour laver et savonner, ce qui porte à 240 le nombre de celles que pourra recevoir à la fois ce Lavoir. Devant chacune de ces cases sera un bassin en pierre auquel on distribuera un muid d'eau à la fois, renouvelé à volonté pour le service du lavage à l'eau froide. L'eau chaude pour le savonnage sera distribuée dans des baquets en bois placés sur une banquette, et au moyen de robinets dont la clef sera entre les mains d'un homme spécialement chargé de cette fonction. Dans le fond du bâtiment il seroit possible d'établir une ou deux cuves particulières pour faire la lessive suivant le procédé de M. Curaudeau, sauf à en augmenter le nombre si ce procédé étoit plus généralement adopté.

Tout l'étage supérieur sera un hangard bien aéré et propre à former un séchoir, où l'on pourra étendre le linge et terminer l'opération commencée au rez-de-chaussée du bâtiment. Il sera divisé également par case dans un nombre égal à celles du Lavoir. Quant à la dépense de la construction, on en joint ici les devis et détails estimatifs.

DEVIS DU LAVOIR.

Ce Lavoir est combiné sur des constructions légères. Le bon sol étant pour ainsi dire au niveau des terres actuelles, on a supposé trois pieds seulement de fondation qu'on a proposée en meulière sans libage, pour recevoir les retraites en pierre dure portant des murs en moellons de quinze pouces d'épaisseur. Les eaux provenant des lavoirs iront se jetter dans l'égoût de la pompe par des gargouilles en pierre; les lavoirs seront construits en pierre dure établis sur un massif en meulière, le réservoir couvert sera en maçonnerie et dallé dans le fond ainsi que le dessus de la voûte qui sert de passage pour les cases à laver; de même on a établi les poteaux soutenant le plancher et le comble sur des dez en pierre; le plancher est à solives apparentes, et sera carrelé en grands carreaux de terre cuite. Le résumé du devis porte :

Fouille de terre	3,600 fr.
Cubes de pierre dure	28,885
Meulière pour fondation et blocage	22,850
Moellons hourdés en plâtre	17,466
Taille de pierre dure et tendre	14,060
Rejointoyement	324
Brique	476 fr.
Pavés refendus en deux échantillons	5,300
Des carreaux de terre cuite	4,270
De tuiles de Bourgogne	7,696
Des crépis enduits	2,942
De fer pour grille et rampe	5,680
De bois pour combles, planche, poteaux et escalier	37,073
Fermeture en chêne	2,400
Pans de bois	1,733
Tuyaux de plomb	2,280
Robinets en cuivre	360
Articles en argent	950
TOTAL	158,349 fr.

Ainsi le montant des fonds demandés pour bâtir le Lavoir du Gros-Caillou se bornera à 158,349 fr., et nous avons vu qu'il seroit alimenté sans qu'il soit nécessaire d'augmenter la dépense du combustible consommé par la pompe à vapeur. Une évaluation approximative des produits de ce Lavoir suffira pour démontrer combien cette avance, considérée simplement comme affaire d'intérêt, seroit une spéculation bien entendue.

Dans tous les bateaux à lessive établis sur le cours de la Seine, on perçoit 6 s. par séance de chaque blanchisseuse, et le double de celles pour qui on fournit l'eau chaude. Quand elles veulent faire sécher leur linge, elles paient de 4 à 8 s. par cordeau tendu. Ces prix ne doivent point servir de base à ceux que l'on établira au Lavoir du Gros-Caillou, parce qu'il sera nécessaire d'y attirer toutes les blanchisseuses qui ont dans les environs des puits et des séchoirs particuliers, et que ce n'est qu'en leur offrant des arrangemens plus commodes et plus avantageux qu'on les déterminera à fréquenter de préférence le Lavoir public.

On estime donc qu'il seroit raisonnable de fixer les prix ainsi qu'il suit :

Eau froide	4 sous.
Eau chaude	8
Place au séchoir	3
TOTAL	15 s.

par personne qui laveroit à l'eau froide et chaude et étendroit son linge dans l'établissement.

Quoique l'on puisse fournir 240 places, on ne peut espérer de les voir occupées journellement et toutes à la fois. Dans un calcul de cette espèce, il faut, pour ne point s'exposer à des mécomptes au moment de l'expérience, réduire les chances *au minimum*. Je me borne donc à supposer que le tiers des places sera journellement occupé par des personnes qui paieront les 15 s. distribués ainsi qu'il est rapporté ci-dessus. D'après cela, le produit journalier seroit de 60 fr. par jour; laquelle somme multipliée par 365, donne 21,900 f.
pour le revenu de l'année, ci. . . . . 21,900 f.

Il en faut déduire :

1°. Traitement d'un Concierge-receveur	1000 f.	
2°. Traitement d'un Employé chargé de la distribution de l'eau chaude	600	
3°. Perte de la location du terrein loué au sieur Herbinière	900	
4°. De la location d'un bateau appartenant au même	100	
5°. Entretien du bâtiment	1500	
		4,100
PRODUIT NET		17,800 f.

D'après cet aperçu on voit que la somme employée à cette entreprise seroit placée avantageusement, même en prenant les chances les plus défavorables.

Renvois

A B C D. Terrain de la Manufacture Impériale des Tabacs
E. Pompe à feu
F. Lavoir public
G H. Terrain de l'Adm...
I. Bâtiments de la ...

Projet de façade nouvelle pour la Manufacture Impériale des Tabacs — *Pompe à feu actuelle.* — *Projet de Lavoir Public*

Mètres

Plan Général.

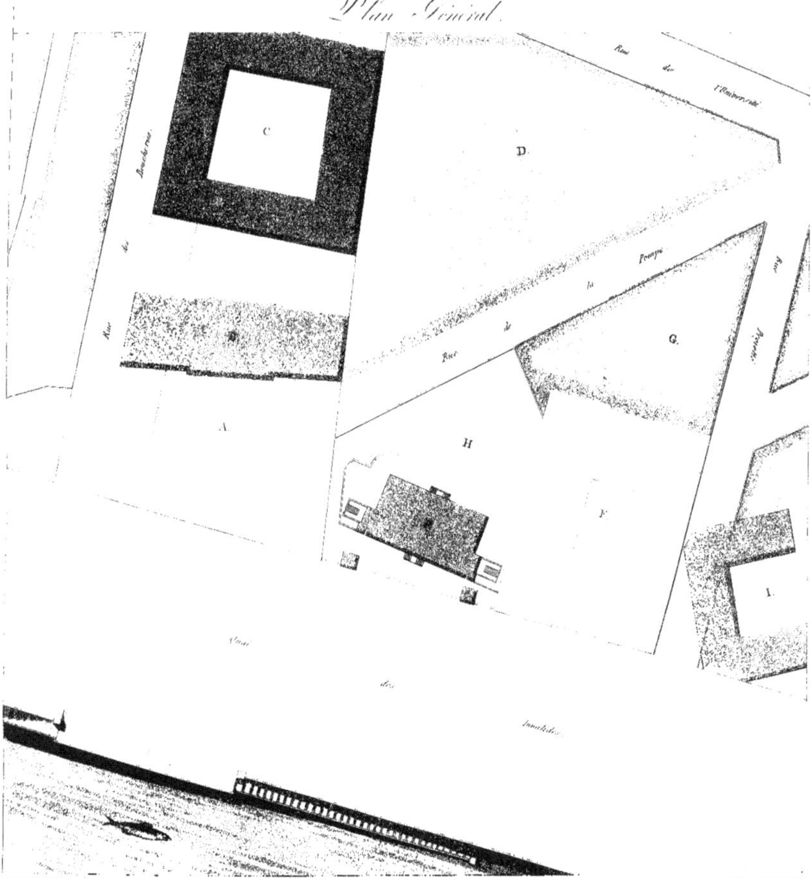

Élévation du Lavoir public

à Construire près la Pompe à feu du Gros Caillou.

Plan du Lavoir

A B C D

Coupe sur la Ligne A B.

Coupe sur la Ligne C D.

Lebrun comp. et del.

Alphonse Giraud sculp.

ÉTABLISSEMENT
D'UN RÉSERVOIR
AU-DESSUS DU PAVILLON DE CHAILLOT,
ET MACHINE
POUR Y ÉLEVER LES EAUX, ET LES FAIRE SERVIR A L'ÉDIFICE PROJETÉ VIS-A-VIS L'ÉCOLE MILITAIRE.

L'emplacement choisi vis-à-vis de l'École Militaire pour élever soit un palais, soit un hospice ou tout autre édifice, offre une des plus belles situations des environs de la capitale. Il est impossible qu'un jour on ne construise pas sur ce terrain quelque grand et noble monument, dont les dépendances et les jardins nécessiteront un volume d'eau considérable. Cette eau ne peut être prise que des bassins de Chaillot; mais ces bassins ne sont qu'à 100 pieds environ au-dessus de la Seine, et leurs eaux ne peuvent être distribuées sur les parties hautes de Chaillot et de Passy : il est donc important d'aviser au moyen de les élever davantage, sans rien perdre de leur volume. La première idée qui se présente est la prolongation du tuyau déversant de la pompe; mais outre les difficultés de cette opération par la nature du sol, on sent que la pompe devant donner aux eaux plus d'impulsion, pour les élever plus haut, n'en monteroit plus la même quantité. C'est donc sur les bassins même qu'il faut opérer, et c'est des eaux qu'ils renferment qu'il faut chercher à distraire le volume dont on veut disposer, pour le porter à un réservoir élevé, d'où puisse se faire la nouvelle distribution. L'emplacement de ce réservoir se trouve naturellement indiqué par le pavillon qui sert aujourd'hui de demeure au gardien, et dont le comble est à 40 pieds environ au-dessus des bassins. Rien n'est plus facile que d'établir sur le faîte de ce bâtiment un réservoir en plomb, contenant environ 400 muids, et semblable à celui du château-d'eau du Palais-Royal. Le moyen d'y porter les eaux peut être obtenu par le procédé le plus simple, et il est étonnant qu'on ne l'ait pas mis jusqu'à présent en usage pour tout autre but. En effet, l'eau montée par les pompes est amenée dans deux petites tours d'où elle se dégorge dans les bassins avec une force et un volume supérieurs aux trois quarts des moteurs d'usines connues. (Voy. pl. IV.) Sa chute dans les bassins supérieurs est de deux pieds, et dans les autres de quatre; mais en pratiquant une ouverture dans les tours au point où l'eau se dégorge dans les vasques, la chute pourroit être de huit pieds et faire mouvoir une roue très-forte avant de se dégorger dans les bassins. A cette roue on se propose d'adapter deux pompes qui porteroient un volume de vingt pouces environ à quarante pieds de hauteur, et par conséquent sur le sommet du pavillon indiqué, d'où on lui donneroit la direction que l'on jugeroit à propos. De cette manière il ne seroit véritablement distrait du volume général que la quantité dont on voudroit disposer, qui s'élèveroit par sa propre puissance, et sans perte

6

nouvelle ni de combustible ni de l'eau employée à son action. Le savant mécanicien M. de Reichenbach, que nous avons consulté à ce sujet, et qui nous a fourni toutes les dispositions de ce projet dans un Mémoire très-détaillé, n'estime pas la dépense de la roue et des corps de pompes à plus de 25 à 30,000 fr., et au double si on vouloit l'établir aux deux réservoirs. Les changemens à faire au pavillon, d'après un devis très-détaillé et d'accord avec le plan ci-joint (voyez planche IV), s'élèvent à la somme de 11,500 fr. Ainsi, avec moins de 50,000 fr., les vingt pouces d'eau destinés au Palais nouveau se trouveroient disponibles dès-à-présent pour l'usage des travaux et pourroient être un jour répartis dans toutes les distributions de cet édifice jusqu'à son comble. Quant au volume d'eau nécessaire aux Jardins, il pourroit être fourni par le même procédé, en prenant pour moteurs et pour emploi les eaux de la quatrième partie de l'aqueduc de ceinture de l'Ourcq : en effet cette quatrième partie, à son arrivée à Mousseaux, est encore de 50 pieds au-dessus des eaux de la Seine. Une chute de dix pieds qui élèveroit un volume d'eau convenable, laisseroit donc encore aux eaux employées comme moteurs une hauteur de quarante pieds, et par conséquent tout l'usage que l'on peut désirer d'en faire dans les quartiers adjacens. Je dois faire observer à cette occasion que ce moyen pourra remplacer un jour les pompes à vapeurs, et supprimer ainsi dans toutes les usines la dépense considérable du combustible. L'Ourcq et ses affluens doivent fournir un volume de 14,000 pouces d'eau; une force seulement de 200 pouces à la hauteur de 80 pieds, où se trouve le bassin de la Villette, produiroit une pression aussi puissante que celle de l'air dans les pompes à vapeur. C'est ainsi que dans une grande ville une opération sert à l'autre, et toutes se correspondent pour le plus grand bien-être de ses habitans.

J'ai désiré, en entrant dans ces détails, fixer l'attention sur l'édifice commencé vis-à-vis l'École Militaire. Il n'existe nulle part une aussi belle situation pour construire un grand palais, et marquer par un monument à la fois utile et magnifique, l'état actuel des arts en France. Les terrains adjacens qui s'étendent au loin derrière les hauteurs de Chaillot, et qui se joignent sans interruption au bois de Boulogne, pourroient composer le plus beau parc irrégulier connu. Le public ne souffriroit pas d'être privé pendant quelque temps de l'année de cette promenade, si on la remplaçoit, ainsi que je le propose dans le dernier projet, par une autre qui seroit plus à la portée de tous les quartiers de la ville et d'un parcours plus agréable.

Elevation du Pavillon situé sur les hauteurs de Chaillot, dans le terrein de la Pompe à feu

A. Machine Hydraulique servant à faire monter les Eaux de la Pompe à feu dans le Pavillon.

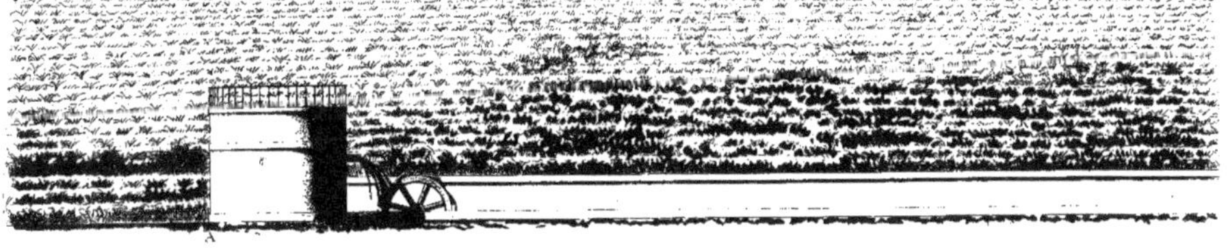

10 Metres

B. C. Coupe et Plan du Pavillon.

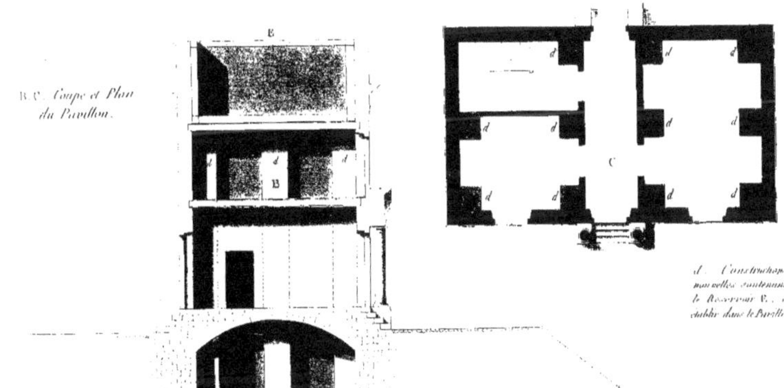

d. Constructions nouvelles contenant le Reservoir B. à établir dans le Pavillon.

Plan Général

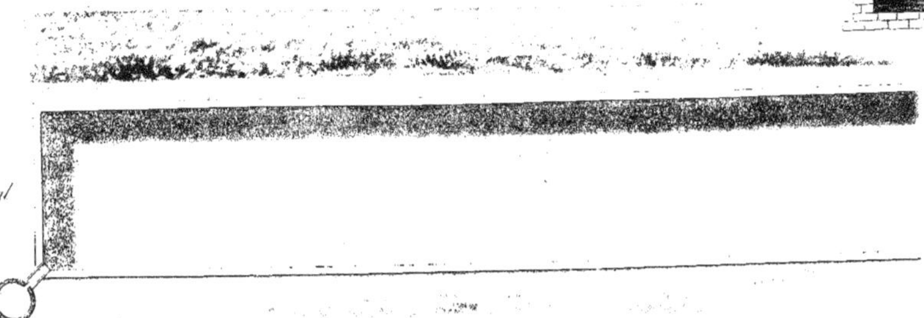

Echelle du Plan Général. 10 Metres

PROJET
DE FONTAINES NOUVELLES

PLACÉES SUIVANT LE SYSTÈME DE DISTRIBUTION DES EAUX DE L'OURCQ DANS L'INTÉRIEUR DE PARIS.

AVANT d'introduire les eaux de l'Ourcq dans l'intérieur de Paris, l'Ingénieur en chef, directeur des travaux du canal de l'Ourcq, eut l'idée heureuse de conserver ces eaux à leur niveau dans un long aqueduc de ceinture, embrassant tout le nord de la ville et les parties les plus élevées, afin de pouvoir se servir de cette ligne culminante pour établir toutes espèces de distribution que l'on jugeroit convenable dans les quartiers situés au-dessous. A cet effet il fit faire un nivellement de Paris fort exact, opération qui n'avoit point encore été tentée, et qui devenoit d'une haute importance. Ce nivellement servit à indiquer le plus ou moins de hauteur des terrains, et pour ainsi dire les différens étages où l'on devoit placer des Fontaines, afin que les eaux pussent se reproduire de l'une à l'autre jusqu'au point le plus bas où elles se jetteroient dans la Seine. On est donc en quelque sorte astreint dans les projets de nouveaux établissemens de ce genre à conserver cette méthode, afin de donner aux eaux tout l'effet qu'on peut en attendre : c'est ce qui nous a dirigé dans le choix de l'emplacement des monumens dont on va donner les plans.

PLANCHE V.

Ière. ACTION DE L'EAU.

Château d'eau sur le boulevard Bonne-Nouvelle, vis-à-vis la rue Hauteville, à cinquante-quatre pieds au-dessus de l'étiage.

LE contour des boulevards, ainsi que l'a fort bien remarqué M. l'Ingénieur en chef des travaux du canal, offre une seconde ligne culminante presque parallèle à l'aqueduc de ceinture et seulement de 20 à 25 pieds plus basse; il résulte de là que les fontaines établies sur les points élevés de cette ligne, tout en décorant les plus belles parties de la capitale, peuvent encore distribuer leurs eaux dans des parties inférieures, et produire par là un double effet. Cette considération a fait choisir déjà à M. Girard l'emplacement du château d'eau actuel près de la rue de Bondi, et celui qu'il propose cette année vis-à-vis de la rue Hauteville, sur le boulevard Bonne-Nouvelle. Nous partageons son opinion, mais nous pensons seulement qu'il est possible de donner à ce monument plus de caractère, plus d'élégance sans en augmenter beaucoup la dépense, et c'est dans cette vue que nous proposons le dessin de la planche V, dont le plan se trouve indiqué sur la planche VIII. L'un et l'autre sont de la composition d'un jeune artiste plein de talent, M. Achille Leclerc, élève de M. Percier, et digne de l'école de ce grand maître. Il est à désirer que l'on apporte tout l'examen et tout le soin possible dans les compositions de ce genre, qui sont achetées par tant de dépenses, et qui donnent aux étrangers le type du goût qui règne dans nos arts. Il faut en étudier long-temps les formes, se faire toutes les objections sans se laisser entraîner à un premier mouvement, et ne se décider qu'après le concours, ou du moins avec l'avis des artistes les plus distingués.

Le monument de la planche V laisse apercevoir la rue Hauteville, et est aperçu d'elle avec un égal avantage; il ne présente point de dépense considérable, et son peu d'élévation est d'accord avec le peu de hauteur des eaux.

PLANCHE VI.

IIème. ACTION DE L'EAU.

Château d'eau sur le boulevard Montmartre, vis-à-vis la rue Vivienne, à trente-six pieds au-dessus de l'étiage.

Le boulevard, ainsi que l'indique son nom, étoit autrefois le rempart de la ville de Paris, et formoit sa promenade extérieure. Les terrains qui le bordent du côté du Nord, et sur lesquels sont bâties les rues Cérutti, Grange-Batelière, Mont-Blanc, étoient, il y a quarante ans, des marais. Aujourd'hui le boulevard est devenu la promenade favorite des habitans de Paris, et tout ce qui tient à le rattacher au reste de la ville, par l'ouverture de nouvelles rues, contribue à l'embellissement de toutes ses parties. Le percement de la rue Napoléon sur la place Vendôme a établi la communication entre le boulevard et les Tuileries. Il seroit à désirer qu'une semblable ouverture eut lieu bientôt, entre le boulevard et le Palais-Royal, par le prolongement de la rue Vivienne. Ce projet est arrêté, il est même tracé sur tous les nouveaux plans. C'est le moment de préparer l'embellissement de cette nouvelle jonction de l'intérieur de la ville avec le boulevard. Nul emplacement ne conviendroit mieux à l'érection d'une fontaine monumentale. Nous proposons donc de tracer dans les jardins qui bordent le boulevard, à l'issue projettée de la rue Vivienne, une place demi-circulaire, vis-à-vis de laquelle sera élevée la fontaine représentée sur cette planche, et offrant de tous côtés un grand et noble aspect. Cette fontaine occuperoit l'espace depuis l'hôtel Mercy, jusqu'au delà de l'angle d'une maison voisine, et dans le terrain non bâti de la maison Robillard, dont elle ne déplaceroit que le magasin. Elle n'interromproit point le passage et formeroit point de vue dès la sortie du Palais-Royal, et de tous les abords de la nouvelle place. Sa décoration ne nécessitant pas une grande élévation dans les eaux, elle pourroit être entretenue pour tout le volume des eaux de la fontaine Bonne-Nouvelle, qui se trouve encore à 18 pieds au-dessus du boulevard Montmartre. On propose de se servir de la pierre de Château-Landon pour l'architecture, et du marbre de Carrare pour les figures. Toute cette fontaine, jointe à l'acquisition de la partie de terrain nécessaire, ne s'élèveroit pas au delà de 500,000 fr., et seroit un des plus beaux monumens de ce genre placé dans la position la plus favorable.

C'est ici le cas de solliciter avec instance l'emploi de la pierre dure dans les monumens. Le granit et le marbre sont les seules matières dignes de la capitale du monde, et depuis que nous avons réuni à l'Empire les pays qui produisent ces belles matières en abondance, depuis

Achille Le Clère comp. et del.

Pariager sculp.

1.re Action de l'Eau.

Projet de Fontaine sur le Boulevard Bonne Nouvelle vis à vis la Rue Haute Ville,

à cinquante quatre pieds au dessus de l'Etage.

3ème Action de l'Eau.

Projet de Fontaine sur le Boulevard Montmartre vis-à-vis du prolongement de la Rue Vivienne,
à trente six pieds au dessus de l'Etiage.

que les canaux nouvellement ouverts donnent la facilité de les transporter, il ne peut plus y avoir d'objection sage contre leur emploi absolu dans tous les ouvrages qui demandent à la fois de la magnificence ou de la solidité.

PLANCHE VII.

IIIème. ACTION DE L'EAU.

Fontaine en marbre de Carrare, au milieu du Palais-Royal, à vingt-sept pieds au-dessus de l'étiage.

Le Palais-Royal, considéré sous son véritable aspect, est un grand *bazar*, un immense marché de toutes les productions de l'industrie les plus riches. Il semble par cela même que les monumens destinés à l'embellir doivent rappeler, par la beauté de leur matière et le soin de leur exécution, ce luxe d'ornemens recherchés et de matières précieuses qui s'y remarquent partout. Le marbre doit y paroître avec éclat et sous les formes les plus légères; c'est ce qui nous a déterminé dans le plan et le choix de cette fontaine, ouvrage d'un jeune artiste aussi habile que modeste, M. Hebert, élève de M. Moreau. Sur un soubassement circulaire s'élève une cuve soutenue par quatre supports et un chapiteau en feuilles d'acanthe; de cette cuve s'élance une gerbe d'eau qui retombe en masse et s'échappe par les bouches d'autant de Chimères. Toute la Fontaine n'a que 15 à 16 pieds de haut, ce qui donne la facilité d'y faire arriver une partie des eaux de la Fontaine du boulevard Montmartre, pour les répandre par la bouche des Sphinx ou au moins par les têtes de lion du soubassement; les eaux de la gerbe d'en haut, fournies par la conduite qui passe au Palais-Royal, ne devant plus servir au soubassement alimenté autrement, comme nous venons de le dire, peuvent être conservées dans toute leur hauteur de 15 à 16 pieds pour être réparties à deux petites fontaines jaillissantes dans les deux parterres qui l'avoisinent, ou servir au même usage dans les quartiers environnans. Le défaut qu'on pourroit reprocher à cette fontaine est de présenter une forme semblable à celle des trépieds : mais il suffit d'examiner les belles cuves de marbre oriental qu'on voit au Musée Napoléon pour se persuader que les Anciens se servoient du même profil pour les ouvrages de ce genre. Les modernes les ont également employés dans le beau temps des arts, et on peut s'en convaincre par l'inspection de plusieurs monumens des villes d'Este et de Pamphile. Cette Fontaine, en marbre de Carrare, dont nous avons fait faire le devis avec exactitude, ne présente qu'une dépense de 100,000 francs, ce qui n'est guère que le double de ce qu'elle coûteroit en matière commune. Si on l'exécutoit sur-le-champ elle pourroit servir de modèle de l'emploi du marbre dans ces sortes d'ouvrages.

PLANCHE VIII.

Cette Planche représente la place des deux fontaines du boulevard Montmartre et du Palais-Royal, avec de nouveaux abords plus nobles et plus vastes pour ce dernier édifice.

PROJET DE FONTAINES NOUVELLES.

PLANCHE IX.

Fontaine Arabe dans la place des Vosges.

La place Royale, qui fut jadis le quartier à la mode, où Corneille plaça la scène du Menteur, et dont il est sans cesse question dans les écrits de madame Sévigné, la place Royale présente le caractère d'architecture mixte qui suivit le temps de la renaissance des arts. Tout monument d'un style très-pur au milieu de cette place formeroit un contraste avec la décoration ancienne, et il nous a paru que ce seroit peut-être l'occasion d'y placer l'imitation plus correcte d'une fontaine célèbre et par ses souvenirs, et par l'agrément de sa forme. Je veux parler de la Piscine de la Cour des Lions à Grenade. Cette fontaine contiendroit les eaux au milieu du bassin actuel et donneroit à leur développement un plus bel aspect; elle pourroit être construite en marbre bleu des Pays-Bas pour rappeler davantage la fontaine des Lions de Grenade. Cette pierre facile à tailler, et d'un transport commode par le canal de St.-Quentin, n'occasionneroit pas une grande dépense.

PLANCHE X.

Fontaines Bornes dans la rue St.-Denis.

Les Fontaines bornes de la rue St.-Denis, telles qu'elles existent aujourd'hui, et qu'on peut le voir sur cette planche, ont plusieurs inconvéniens : le premier est de répandre leurs eaux avec une telle violence qu'elles éclaboussent les passans et empêchent de circuler à 6 pieds environ de leur chute. Le second est de déchausser le pavé au lieu simplement de le laver. Leur forme est d'ailleurs disgracieuse et gênante. On propose de leur substituer le dessin indiqué au-dessous, où l'eau tombant à peu près de la même hauteur est déversée doucement sur le pavé sans causer aucun dégât et aucune gêne. Ces nouvelles bornes seroient pratiquées dans le mur même des maisons, afin de gêner le moins possible la circulation. La manière de les ouvrir est facile et simple.

L'ensemble de ces bornes ne coûteroit, d'après un devis fait, que 204 fr., ce qui est moins que les bornes actuelles.

Pl. V

Robert comp. et del. Piringer sculp.

5.ème Action de l'Eau.

Fontaine en Marbre de Carrare, pour le milieu du Palais Royal,

à vingt sept pieds au dessus de l'Étage.

Plan Général

Hebert del. Piringer sculp

Projet de Fontaine Arabe,
pour la Place des Vosges.

FONTAINE BORNE.

TELLE QU'ELLE EXISTE

Dans la Rue S.t Denis.

FONTAINE BORNE RECTIFIÉE

pour la même Rue

Alphonse Girard Sculp.

AMÉLIORATION
DANS LE PAVÉ DE PARIS.

PROJET D'ÉTABLISSEMENT
DE TROTTOIRS
EN DALLES DE PIERRES DURES, DE NIVEAU AVEC LE PAVÉ,
DANS TOUTES LES GRANDES COMMUNICATIONS DE LA CAPITALE.

Un des principaux agrémens d'une grande ville consiste dans la facilité des communications et la commodité des gens à pied pour les parcourir. On est peu tenté d'admirer l'élégance des édifices, la richesse des boutiques, lorsqu'on ne parvient aux uns et aux autres que par des rues sales et mal pavées. Vienne, Madrid, Milan, Florence, Amsterdam ont des trottoirs en dalles de granit de niveau avec le pavé de leurs rues. Toutes les villes de l'Angleterre et des États-Unis en ont de semblables, mais exhaussés de quelques pouces. Paris seul conserve son ancien pavé raboteux et glissant, tel à peu près qu'il fut établi sous Philippe-Auguste, sans qu'on ait jamais rien fait pour l'améliorer. Quelques hommes éclairés se sont élevés dans leurs écrits contre cette négligence (1), et ont attiré l'attention des administrateurs. M. le Préfet de la Seine fit publier en 1806, dans les différens arrondissemens, une invitation aux propriétaires de maisons de donner leur avis sur l'utilité des trottoirs et de s'entendre pour leur construction. Ces propriétaires, auxquels on demandoit la dépense du premier établissement, s'y refusèrent tous, et la plupart sous les prétextes les plus puérils; ils donnèrent, par là, une nouvelle preuve de cette vérité : que le bien ne peut se faire en France que d'autorité ou par l'autorité.

C'est donc au Gouvernement, auquel on doit déjà tant de grands ouvrages d'utilité publique dans Paris, que le nouveau bienfait de donner à la capitale des communications faciles paroît réservé. Mais avant de l'engager à prendre cette nouvelle charge, il est nécessaire de lui en bien prouver les avantages, la facilité d'exécution, et le peu de dépense à laquelle cette institution entraîneroit.

UTILITÉ DES TROTTOIRS EN GÉNÉRAL.

L'utilité des trottoirs, considérée seulement comme une partie de la voie publique disposée particulièrement pour les gens à pied, est incontestable. Le mouvement seul qui a lieu dans les rues le prouve et en indique la forme et l'emplacement. En effet, l'homme à pied qui veut entrer dans les maisons ou regarder les boutiques, marche de préférence près du mur qui le met à l'abri du vent, par son élévation, et des voitures par les bornes, tandis que les voitures

(1) Principalement M. Arthur Dillon, qui publia en 1805 et 1806 plusieurs écrits fort intéressans sur cette matière.

ont plus de facilité à s'étendre, à se croiser dans le milieu de la rue. L'homme a besoin pour marcher commodément d'une surface plane et sèche, qu'on peut aisément pratiquer des deux côtés des maisons, tandis que le cheval, au contraire, se tient mieux sur un pavé raboteux et humide. De là provient naturellement la distinction des places que les hommes et les chevaux doivent occuper dans les rues, et la forme que ces places doivent avoir pour être analogues à leur destination : c'est-à-dire les unes en grandes dalles plates, les autres en pavé inégal. Ce qui constitue un trottoir n'est donc point, comme on l'a cru jusqu'à présent, une différence de niveau, mais une différence de construction, parce que cette dernière seule suffit pour déterminer le chemin qui convient à chacun. Il est facile d'ailleurs de se garantir des voitures en se rangeant derrière les bornes; mais il est impossible de se sauver de la boue et de la fatigue en marchant sur un pavé pointu et dont tous les joints sont pleins d'eau.

IMPERFECTION DES TROTTOIRS ESSAYÉS JUSQU'A PRÉSENT.

EXPOSÉ DU PROJET.

Les trottoirs proposés en 1806 et exécutés jusqu'à présent dans Paris, semblent avoir été faits pour dégoûter de cette institution; ils consistent en un massif élevé de 6 à 7 pouces, aussi sale, aussi mal pavé que le reste de la rue; ils n'offrent ni le plain-pied commode ni la surface propre qui détermine les gens à pied à s'y porter de préférence; ils ont de plus des inconvéniens qui les rendent impraticables dans la plupart des rues.

1°. Ils sont sans cesse interrompus par les portes-cochères, et quelque soin qu'on apporte dans leur pente, ils établissent dans la rue une ondulation fatigante qui augmente la longueur de la course au lieu d'en adoucir la marche.

2°. Ils ne peuvent point être admis dans les rues d'une largeur au-dessous de 10 mètres sans rendre ces rues trop étroites et impraticables pour les voitures, et ces rues se trouvent former les neuf dixièmes des communications de Paris.

3°. Ils enterrent les rez-de-chaussées des maisons ou boutiques devant lesquelles ils passent, et plusieurs même élevés d'un pied sont de véritables précipices, où les femmes, les enfans, les vieillards peuvent éprouver de graves accidens : tels étoient les trottoirs des rues St.-Florentin et Croix-de-la-Bretonnerie.

C'est ainsi qu'en envisageant mal une question, ou plutôt en exécutant mal des projets, on jette de la défaveur sur des institutions dont tout le monde auroit senti l'avantage.

De quoi s'agit-il, et quel est le véritable objet des trottoirs?

D'améliorer l'état de la rue tel qu'il est aujourd'hui; de distinguer, ainsi que nous l'avons dit plus haut, la voie destinée aux gens de pied, de celle qui est assignée aux voitures, afin d'éviter à tous les deux les embarras et les inconvéniens attachés à la fréquentation simultanée du même espace; et le moyen infaillible d'obtenir ce résultat est de disposer l'espace destiné aux gens à pied de manière à ce qu'il y ait pour eux un avantage à le fréquenter de préférence à toute autre partie de la rue.

Dégagez la voie charretière de leur concurrence, elle s'élargit par ce fait même, quelqu'étroite qu'elle ait été dans l'origine.

« On a l'air, dit M. Dillon, d'avancer un paradoxe en disant que l'établissement des trottoirs au lieu de diminuer la voie du roulage l'élargit. C'est cependant une vérité. Dans l'état ordinaire des rues, le marcher étant également mauvais partout, les gens de pied s'espacent à l'aise et embarrassent la marche des voitures, au lieu que trouvant un marcher propre et commode sur le trottoir, ils ne le quitteront jamais sans nécessité, et dès-lors les voitures ont une circulation plus facile, dans un espace plus étendu. »

Cette observation, outre sa justesse, offre encore l'énoncé du moyen propre à déterminer les gens à pied à se porter de préférence sur le trottoir. C'est en effet d'en faire un sentier uni, propre, et *plus agréable* que le reste de la voie publique; qualités essentielles du trottoir, dont on croit communément les avantages bornés à protéger l'homme à pied en l'élevant au-dessus du *niveau* de la rue. La propreté, la commodité, la salubrité sont des choses au moins aussi *nécessaires* et d'un avantage plus continuellement senti, et auquel on peut prétendre, tout en renonçant à l'isolement absolu.

Or il est un moyen de procurer ces trois avantages à l'homme à pied, et cette bonne disposition à une rue, sans rien retrancher de sa largeur, moyen pratiqué à Vienne, à Florence, à Milan, et spécialement propre aux rues étroites de Paris.

C'est le trottoir à *fleur de pavé* servant uniquement d'accotement à celui-ci, et carrelé en grosses dalles de pierres dures, et par conséquent dans un système différent de celui du roulage.

Des trottoirs de cette espèce ont tous les avantages que n'ont pas ceux qui ont été essayés à Paris, et ils atteignent à peu près le même but sous le rapport de la sûreté contre les voitures. En effet, la différence de surface et de carrelage suffiront pour établir la démarcation, et pour empêcher les voitures de se porter sur le trottoir, hors les cas d'une nécessité absolue; et dans ceux-ci elles pourront s'y jeter momentanément, sans que cela tire à conséquence, par la solidité qu'on aura su donner à cette construction. D'ailleurs les conducteurs se trouvant plus à l'aise dans la voie du roulage, qui sera toute entière à leur disposition, se garderont bien de faire passer, hors des cas de nécessité absolue, leurs voitures sur une surface plane où les pieds des chevaux n'auront plus autant de prise que sur le pavé.

On sent au premier abord que ces trottoirs au niveau du pavé font tomber toutes les objections que l'on a faites jusqu'ici contre l'introduction générale de ceux que l'on connoît à Paris. Ils n'ont point, comme ces derniers, l'inconvénient d'enterrer le rez-de-chaussée des maisons auxquelles on les ajustera; d'usurper exclusivement une portion de la voie publique; d'éprouver des ressauts continuels par la rencontre fréquente des portes-cochères.

ESPÈCE DE CONSTRUCTION PROPRE AUX TROTTOIRS.

Nous avons dit qu'un système de carrelage différent constitueroit véritablement la distinction entre le trottoir et la voie du roulage, quand la différence de niveau n'étoit pas praticable. Ce principe, et le simple raisonnement suffisent pour exclure l'idée d'employer à cette opération le pavé ordinaire, ainsi qu'on l'a fait jusqu'à présent.

Les trottoirs en petit pavé, dit d'*échantillon rejointoyé* à chaux et ciment, n'atteignent point non plus à la perfection qu'il est possible de leur donner. Ils n'offrent ni la propreté, ni la commodité désirables, et leurs rainures multipliées à l'infini, quelque bien assemblés qu'ils soient d'ailleurs, conservent à peu près, comme le pavé de la rue, la boue et l'humidité.

Il n'est que les grandes dalles qui, à raison de leur solidité et de l'égalité de leur surface, puissent procurer à un trottoir tous les avantages dont il est susceptible.

1°. Elles offrent un plain-pied commode, dont l'avantage est suffisamment démontré par l'empressement avec lequel on voit rechercher dans Paris toutes les bordures qui offrent une surface un peu plus large, un peu plus unie que le pavé ordinaire.

Cette observation peut se faire principalement aux trottoirs des ponts dont les bordures sont presque toutes usées par le passage continuel, quoiqu'elles soient trop étroites pour qu'on y marche commodément.

2°. La moindre pente qu'on leur donne empêche l'eau d'y séjourner, et la pluie suffit pour y entretenir la propreté.

3°. Ils rendent le balayage devant les maisons aussi facile qu'il est aujourd'hui pénible.

Il faut avoir vécu dans les pays où se trouvent ces sortes de trottoirs pour en sentir tout l'avantage; il est même, on peut le dire, d'une grande importance dans l'ordre social : en effet, tout ce qui tend à diminuer la perte du temps et à augmenter la circulation est d'une influence très-grande dans le commerce. Il est facile de remarquer que l'activité est plus grande dans les villes où les communications sont meilleures; alors tout le monde agit, les femmes vont elles-mêmes acheter dans les boutiques; un homme fait dix commissions au lieu d'une; on supporte mieux la marche, on fait plus d'affaires. Il est facile de se convaincre de cette vérité en faisant seulement le tour du Palais-Royal par les galeries couvertes et le recommençant par les rues qui l'entourent; on met certainement un tiers de temps de plus par la dernière voie, quoiqu'on y ait moins de distraction et qu'on y rencontre moins d'obstacles.

Les objections qu'on peut faire contre les trottoirs en dalles et à fleur du pavé se réduisent à quelques considérations de peu d'importance.

1°. Les conduites d'eau étant placées, à peu près, dans la ligne sur laquelle s'étendra la bordure des trottoirs proposés, la nécessité de mettre souvent ces conduites à découvert ne permet pas qu'on les charge d'une maçonnerie qui, toujours entamée, n'auroit jamais de solidité.

2°. Les dalles ne pourront résister à une circulation continuellement active, surtout au poids des voitures.

3°. L'habitude où sont les propriétaires qui n'ont point de cour, de décharger le bois et de le fendre sur la voie publique, suffiroit pour dégrader les trottoirs quand aucune autre cause de détérioration n'agiroit.

4°. Le verglas les rendroit impraticables pendant quelque temps de l'année.

Quant aux objections tirées du système actuel de pentes et d'alignemens des rues de Paris, nous n'en parlerons pas; parce qu'on ne peut objecter contre les trottoirs à fleur de pavé aucun inconvénient dont ne soit grévé le pavé lui-même, ces trottoirs n'étant autre chose qu'une portion des mêmes plans soumise à un système de revêtement plus commode et plus régulier.

Voici les réponses à chacune des quatre objections.

1°. D'après le nouveau projet de distribution générale des eaux de Paris, l'inconvénient qui fait la matière de cette objection disparoîtra puisqu'il n'existera plus que des petits branchemens sur les conduites principales établies dans des aquéducs voûtés, et ces petits branchemens peuvent être pratiqués entre les trottoirs et le ruisseau, se retournant sous le passage des portes-cochères et ne passant jamais sous les dalles.

2°. L'épaisseur des dalles sera calculée de manière à résister au poids des voitures les plus lourdes, qui d'ailleurs n'y passeront jamais que momentanément. On pense cependant qu'il sera convenable de les interdire aux voitures pesantes. Comme le milieu de la rue est fait pour elles, elles doivent y être sévèrement contenues, et la Police ne pourra refuser des mesures répressives contre les rouliers, en cas d'envahissement des trottoirs hors de nécessité absolue.

3°. Comme on propose de mettre l'entretien des trottoirs à la charge des propriétaires riverains, cette mesure garantit positivement que les trottoirs seront ménagés.

4°. Les trottoirs n'offrent point ces inconvéniens dans les pays même où l'hiver est beaucoup plus rude et plus long qu'en France; la manière dont on propose de piquer le granit arrête le pied bien mieux que la surface ronde et glissante des pavés : d'ailleurs, il suffiroit d'ordonner par mesure de police, pendant le peu de jours que dure le verglas, aux propriétaires, de répandre du sable ou de la sciure de bois devant leurs maisons ; ils auroient d'ailleurs assez d'intérêt à le faire, pour qu'on n'ait pas besoin de les y forcer.

Il nous semble que ces réponses n'admettent point de réplique.

Après avoir démontré qu'il peut être établi des trottoirs dans Paris, et que les trottoirs, pour remplir leur destination, doivent être à *fleur de pavé* et en grandes dalles, il ne nous reste plus qu'à entrer dans le détail de leur construction et à déterminer, d'après les principes de l'art, les proportions et la composition de leurs divers élémens. Il est cependant nécessaire d'ajouter que les trottoirs *exhaussés de 4 ou 5 pouces, mais également en dalles, mériteront toujours la préférence sur les quais ou dans les rues qui ont plus de 12 mètres de largeur, et pourront être établis de la sorte sans augmenter la dépense.*

DIMENSIONS DES TROTTOIRS.

La largeur des Trottoirs doit être déduite de celle des rues où on les établit.

On peut distinguer à Paris trois classes de rues :

1°. Celles qui ont plus de 10 mètres de largeur;

2°. Celles qui ont de 8 à 10 mètres;

3°. Celles qui ont moins de 8 mètres.

On ne parlera point des rues de la première classe, parce qu'elles sont encore peu communes, et que d'ailleurs les trottoirs même sur-élevés peuvent s'y établir sans difficulté. Il seroit à désirer seulement que le système de dallage y prévalut sur celui du pavé qui est le seul qu'on ait pratiqué jusqu'ici.

Nous fixerons notre attention sur la deuxième classe, parce qu'elle comprend, à peu près, toutes les rues de grande communication, telles que les rues Ste.-Anne, de Richelieu, Saint-Honoré, etc., dont la largeur réduite est de 8 à 10 mètres.

L'espace nécessaire aux trottoirs, eu égard à la masse comparative des voitures et des gens de pied qui fréquentent la voie publique, doit être évalué aux deux cinquièmes de la rue.

Ainsi, dans les rues de 10 mètres on a 4 mètres de largeur pour les trottoirs, ou deux mètres pour chacun d'eux; il reste 6 mètres pour la voie du roulage.

Dans les rues de 8 mètres on a 3 mètres 20 cent. pour les trottoirs, 1 mètre 60 cent. pour chacun d'eux, et 4 mèt. 80 cent. pour la voie du roulage.

Mais afin de ne point être obligé de multiplier les échantillons de dalles, il paroît convenable d'établir une largeur moyenne pour les trottoirs des rues de 8 à 10 mètres. Cette largeur, d'après les principes que l'on vient de poser, sera 1 mètre 80 (ou à peu près 5 pieds et demi).

Dans les rues d'une largeur moindre de 8 mètres, les trottoirs devront être réduits à 1 mètre 20 cent. ; mais nous n'en proposons point encore l'établissement, jusqu'à ce que les grandes communications de Paris aient prouvé les avantages de cette institution. Qu'on ne croie pas cependant que ces rues ne soient pas susceptibles de les recevoir. Les trottoirs de Madrid n'ont que 3 pieds de large et on circule dans les rues les plus étroites, presqu'aussi bien que dans la rue d'Alcala, par un usage qui nécessairement s'introduiroit à Paris, celui de prendre toujours sa droite, la masse des gens de pied se trouve par là réduite dans les rues à deux files, l'une qui va et l'autre qui vient, et l'on n'éprouve jamais de retard. Celui qui n'aime pas à céder la place, en prenant la droite, passe de l'autre côté de la rue où il est en droit d'occuper toujours le mur.

Fixons donc à 1 mètre 80 cent. la largeur d'un trottoir.

Il sera encastré, du côté du pavé, dans une bordure de 0,20; laquelle en fera partie; il restera par conséquent 1,60 pour la largeur de l'espace destiné aux dalles proprement dites. Cet espace sera couvert par deux dalles d'égale largeur et de longueurs inégales : l'une de 1 mètre 00, l'autre de 0,60, et toutes les deux de 0,15 d'épaisseur. Les dalles jointes à chaux et ciment seront assises sur un lit de maçonnerie de 0,20 d'épaisseur. Voici le motif de ces principales dispositions.

On a jugé convenable de placer une banquette entre les dalles et le pavé, afin qu'au moyen de cette pièce d'encaissement : 1°. leur assiette soit plus stable; 2°. le poids des voitures ne leur fasse point faire la bascule.

On couvre de deux pièces la largeur du trottoir, parce que l'expérience a prouvé que ce carrelage étoit plus solide et d'une réparation plus facile que tout autre.

Ces deux pièces sont d'inégales longueurs pour que leurs joints ne se rapportant point l'un à l'autre puissent se soutenir mutuellement et leur tassement ne produire point de ruisseaux.

On estime que l'épaisseur de 0,15 sera suffisante, sauf, par l'expérience, à l'augmenter encore. La dalle usée d'un côté pourra être retournée de l'autre.

Un coup-d'œil sur le profil de la planche ci-jointe (Pl. XI) éclaircira ce que ce détail pourroit avoir d'obscur.

CHOIX DE LA PIERRE PROPRE A LA CONSTRUCTION DES TROTTOIRS.

La pierre propre aux trottoirs doit avoir deux qualités principales.

1°. Être très-dure, afin de conserver le plus long-temps possible une surface plane;

2°. Être de nature à ne point se polir par le frottement.

Toutes les espèces de granit réunissent éminemment ces deux qualités; mais l'exploitation, le transport et la taille en sont très-chers, et dans une entreprise qui doit en employer une aussi grande quantité que l'établissement général des trottoirs à Paris, la considération de la dépense doit être prépondérante. Il faut donc recourir à d'autres espèces de pierres dont les qualités aient, avec celle du granit, le plus d'analogie possible.

Celles de Louvres et de Château-Landon avoient paru convenables : elles sont très-dures en effet; mais elles seroient susceptibles de se polir par le frottement, vice capital pour la surface d'un trottoir qui, destinée à être disposée en plan incliné et à être surtout recherchée dans les temps humides, ne sauroit offrir trop de prise à l'homme de pied. D'ailleurs, l'exploitation de ces pierres, leur taille et leur mise en œuvre sont fort dispendieuses, et une circonstance heureuse, fruit de la prévoyance du Gouvernement actuel, vient d'offrir les moyens de se procurer une pierre meilleure pour cet usage, et plus avantageuse sous tous les rapports. L'ouverture du canal de St.-Quentin permet de faire venir de la Belgique une espèce de pierre très-compacte quoique calcaire, d'un grain assez gros, se taillant à l'aiguille et susceptible de recevoir par ce moyen une aspérité qui résiste très-long-temps au frottement. C'est la pierre bleue des carrières de Mons et de Gusseignies, à environ trois lieues de Valenciennes (1). On l'emploie dans le pays pour les carrelages extérieurs. On en fait aussi des chambranles pour les portes et fenêtres, des auges, des caniveaux, des souillards pour les fontaines, etc. Plusieurs portions de quelques écluses du canal de St.-Quentin en ont été formées, et la navigation du même canal offre un moyen de transport facile et peu dispendieux.

Les carrières de Gusseignies sont exploitées à ciel ouvert. Les masses qu'on en retire se taillent

(1) Ces détails nous ont été fournis par M. Victor de Caraman, qui a des propriétés dans ce pays, et par M. Duchanoy, ingénieur des Ponts et Chaussées, qui a été employé au canal de St.-Quentin.

de deux manières : la première, ou *la grosse taille*, se fait en rustiquant seulement le parement avec l'aiguille et en relevant des ciselures sur les arêtes. Les pierres dans cet état offrent précisément ce que l'on peut trouver de plus convenable pour faire des trottoirs. Elles seroient trop unies peut-être si on les prenoit apprêtées à la deuxième manière nommée *fine taille*, qui consiste à polir au ciseau ce qui n'a été qu'ébauché dans le premier travail.

On possède sur la nature de ces pierres, leur exploitation, et les frais de leur transport, des données assez certaines pour pouvoir estimer ce que coûteroit une longueur déterminée de trottoirs dont elles seroient les principaux élémens.

DÉTAIL d'un mètre courant de Trottoirs de 1 mèt. 80 cent. de largeur, exécuté en pierre bleue de Gusseignies, avec banquette le long du pavé.

	f.	c.	f.	c.	f.	c.
2 m 50 c de pavé arraché à 20 cent. le mètre, ci			»	50		
0,50 Cubes de déblais de terres transportées aux décharges publiques, à 3 fr. le mètre, ci			1	50		
0,40 Cubes de maçonnerie en moellons avec mortier de chaux et sable, à 21 fr. le mètre, ci			8	40		
Prix d'un mètre cube de pierre bleue de Gusseignies, taillée et rendue sur le port à Paris.						
Le pied de cette pierre avec sa taille rustiquée entre quatre ciselures sera payé, rendu à Valenciennes	2	50				
Les frais d'embarquement sont estimés, vu la forme des bateaux et leur chargement	»	20				
Le transport de Valenciennes à Paris, par l'Escaut, le canal de St.-Quentin, l'Oise et la Seine, est estimé à	2	50				
Le déchargement sur le port St.-Nicolas, avec la machine du sieur Albert, coûtera	»	10				
TOTAL POUR UN PIED CUBE	5	30				
Et pour un mètre cube	154	76				
Un dixième de bénéfice pour l'Entrepreneur	15	48				
TOTAL POUR UN MÈTRE CUBE	170	24				
Passé à					170	20
0 m 35 c Cubes de pierre à 170 fr. 20 c. le mètre			59	57		
Bardage, pose et mortier pour un mètre cube de pierre de taille.						
Bardage du port à l'atelier, estimé à cause de la distance	9	»				
Pose, eu égard au peu d'épaisseur des dalles, ci	6	»				
0 m 15 c Cubes de mortier de chaux et sable pour l'aire sous les dalles à 22 fr. le mètre, ci ... 3 30 0,05 Cubes de mortier de chaux et ciment fin pour le coulage des joints de pierre à 70 fr. le mètre, ci ... 3 50	6	80				
TOTAL pour le bardage, pose et mortier pour un mètre cube de cette pierre	21	80				
0 m 35 c Cubes de pierres comme ci-dessus à 21 fr. 80 c. le mètre pour bardage, pose et mortier, ci			7	63		
6 m 00 Courans de joints en limaille à 0,75 c. le mètre pour fourniture d'emploi, ci			4	50		
1 m 00 Carré de raccordement de pavé le long du trottoir, ci			1	»		
TOTAL			83	10		
A déduire trente pavés supprimés, à 10 c. chaque, ci			3	»		
RESTE			80	10		
Somme à valoir pour coupement des joints, encastrement de bornes, ouvrages et dépenses imprévues, ci			10	»		
TOTAL pour un mètre courant de Trottoirs, en pierres grises de Gusseignies			90	10		
Passé à					90	»

Un mètre courant de Trottoirs en granit de Cherbourg, construit dans les mêmes proportions, et d'après un devis de la même forme, coûteroit par aperçu. . . . . . . 276 f. 50 c.

Idem en pierre de roche, comme il a été pratiqué dans la rue du Ponceau. . 62 42

En réduisant d'un tiers environ l'épaisseur des dalles, ce qui paroît suffisant, et se bornant à une largeur de trottoirs courans d'un mètre 30 centimètres, on auroit une diminution dans le prix de plus du tiers, et le mètre courant seroit de 55 fr.

En granit de Cherbourg, de 180 fr.

En pierre de roche, de 40 fr.

En dalles de grès de Sceaux, présentant la surface et l'épaisseur de quatre pavés, 40 fr.

En pierres de Volvic d'Auvergne, 40 fr.

D'après la comparaison de ces divers détails (1) on trouvera que celui des trottoirs en granit n'est pas admissible, à cause de son excessive cherté. Mais par la raison contraire on s'étonnera peut-être de voir rejeter les trottoirs en pavé d'échantillon de grès, et en pierre de roche, qui tous sont moins chers que le trottoir en pierre de Gusseignies. Nous répondrons à cela que quand il s'agit d'un établissement aussi considérable, aussi permanent, aussi avantageux que doit l'être celui des trottoirs, la considération de la dépense ne doit être admise que jusqu'à un certain point, et que l'objet principal est de faire un ouvrage solide et atteignant complétement son but.

Or nous avons vu que le pavé, même le mieux choisi, laissoit beaucoup à désirer sous le rapport de la propreté. Le grès a l'inconvénient grave de se polir trop vite par le frottement, et la pierre de roche n'a point le degré de solidité nécessaire pour résister au poids des voitures, et pour ne point s'user par le frottement.

Toutes les qualités qui manquent à ces pierres, se trouvant réunies dans la pierre de Gusseignies, nous la présentâmes en 1812, comme la pierre essentiellement propre à composer le dallage et la bordure des trottoirs de Paris.

Depuis ce temps, M. le comte de Chabrol, préfet de la Seine, a fait venir des échantillons de la pierre de Volvic, qui nous a paru préférable en ce qu'elle est de nature à ne pas se polir. C'est une composition volcanique fort dure, et cependant fort grenue, que l'on emploie dans le pays à cet usage et qui lui convient parfaitement (2).

Quant à la dépense telle qu'elle est établie dans le détail, nous remarquerons qu'elle a été portée très-haut, et que d'ailleurs un de ses articles les plus importans, est celui des frais de transport, et nous pouvons assurer que cet objet éprouvera une réduction considérable, dès que la navigation du canal St.-Quentin sera complétement régularisée.

Pour atteindre tout d'un coup au *maximum* de l'utilité des trottoirs, on propose de les établir d'abord dans les rues où la circulation est la plus active et principalement dans les quartiers où le concours des voitures et des gens à pied est constamment le plus sensible. — Il nous a semblé que les grandes communications susceptibles de les recevoir pouvoient se réduire à celles que nous indiquons dans le tableau ci-après, ces rues perpendiculaires avec les quais, qui ont déjà des trottoirs, forment à peu près l'ensemble de toutes les grandes communications (3).

(1) Ces devis et détails sont également de M. Duchanoy.

(2) Nous aimons à le répéter ici, sans les événemens malheureux qui ont obéré les finances de la ville de Paris, M. le comte de Chabrol exécutoit en grande partie les travaux ici projetés. Puisse-t-il persister dans ces bonnes intentions, et trouver un jour les moyens de les réaliser.

(3) On peut voir un modèle des Trottoirs proposés dans la rue d'Artois, devant la maison de l'Auteur, n°. 28. Ce premier essai a été fait avec la pierre bleue de Gusseignies, dont les carrières sont en pleine exploitation; mais on s'est assuré

A cette nomenclature nous n'avons pas ajouté une partie intéressante des communications de la capitale, qui doit être comprise dans le même système, mais pour laquelle il est bon de faire quelques essais. Ce sont les boulevards, impratiquables l'hiver à cause de la boue et souvent l'été à cause de la poussière. Il semble qu'on pourroit en revêtir un tiers des mêmes dalles de granit établies du côté le plus haut, afin de faciliter l'écoulement des eaux, et de présenter, en tous temps, une surface plane et sèche. Un simple pavé ainsi établi au coin des murs des maisons depuis la rue Grange-Batelière jusqu'à la rue d'Artois, sur le boulevard, est très-recherché lorsqu'il fait de la boue, et prouve l'utilité de cette mesure. Mais cette amélioration n'auroit besoin d'être mise en œuvre que lorsque les principales rues auroient été terminées avec un succès reconnu.

TABLEAU DES GRANDES COMMUNICATIONS

OÙ L'ON POURROIT COMMENCER L'ÉTABLISSEMENT DES TROTTOIRS.

	NOMS DES RUES.	LONGUEUR.		LARGEUR réduite.	
Ligne du Nord.	St.-Honoré	1,915^{m}	»	11^{m}	33
	Royale (*)	204	75		
	Helvétius	500	»		
	De Grammont				
	De Richelieu	976	10	10	25
	Croix-des-Petits-Champs	400	»		
	Du Roule	116	27	9	74
	De la Monnoie	170	80	10	62
	Des Capucines	280	20	9	74
	Neuve-des-Petits-Champs	740	95	9	72
	De la Feuillade	57	25	9	74
	Vivienne	282	19	9	74
	Des Fossés-Montmartre	220	»		
	Montmartre	953	50	12	64
Ligne du Sud.	Dauphine	293	50	10	7
	Des Sts.-Pères jusqu'à la rue Taranne	460	»		
	Du Bac jusqu'à la rue St.-Dominique	450	»		
	De Bourgogne (*)	672	»		
	(*) Ces deux rues, vu leur largeur, peuvent recevoir des Trottoirs sur-élevés.	8,694	»		

Comme la longueur des trottoirs est double de celle des rues où on les établit, il s'ensuit que la quantité de mètres de trottoirs à construire pour les pratiquer dans toutes les rues comprises au tableau ci-dessus, s'élèveroit à 17,388^{m}.

Or, d'après le détail que nous avons donné, 17,388^{m} de trottoirs, à raison de 40 fr. l'un dans l'autre, coûteront. . . . . 695,520 fr.

Cette dépense est bien peu considérable, et répartie sur un grand nombre d'années elle ne paroîtroit qu'une légère addition à la somme annuelle que coûte le pavé de Paris. D'ailleurs elle ne seroit, pour ainsi dire, qu'une avance que le Gouvernement retrouveroit par

depuis qu'il existoit près de Bossu, à deux lieues de Mons, une autre sorte de granit, bien préférable à la pierre bleue en ce qu'il est plus mêlé de grès, qu'il absorbe mieux l'eau, et qu'il tend moins à se polir. Le prix qu'il coûteroit ne seroit pas plus élevé. Ces Trottoirs ainsi établis depuis cinq ans ont constamment supporté le poids des voitures les plus lourdes, et ont prouvé l'économie qu'ils procuroient, puisque le milieu de la rue a été remanié trois fois depuis l'époque de leur construction, sans que pour leur part ils aient nécessité aucune réparation.

la suite, se trouvant libéré par-là de l'entretien des deux cinquièmes du pavé des rues, où les trottoirs seroient établis. Il feroit en sens inverse la même économie que sur le reste du pavé. Actuellement le premier pavage et le premier relevé à bout sont à la charge du propriétaire, et le Gouvernement n'est chargé que de l'entretien. Ici, au contraire, le Gouvernement faisant les premiers frais seroit délivré de tout entretien, et cette économie dans les quartiers très-fréquentés couvriroit et au delà l'intérêt du capital dépensé. Quant à la charge d'entretien qui tomberoit sur les propriétaires, elle seroit de bien peu de chose, vu la solidité et le système de mise en œuvre des matériaux employés aux trottoirs. On peut assurer même qu'une fois les trottoirs de ce genre établis dans quelques communications, les propriétaires des maisons, dans les autres rues, voudront en établir de semblables à leurs frais. Il en fut ainsi des baraques qui entravoient la circulation, et des cimetières qui infectoient le sein de Paris. Ces barbares encombremens n'auroient point été déplacés si l'on s'en fut rapporté aux propriétaires voisins; à peine le Gouvernement eut-il pris le sage parti de consommer cette opération malgré eux, que tous ont béni la fermeté qui venoit de vaincre leur indifférence (1).

On peut affirmer qu'il en sera de même des trottoirs, et que le Gouvernement n'aura que les frais à faire du premier établissement dans les grandes communications de la capitale. Il seroit même facile de trouver une compagnie qui feroit les premiers frais de cette construction, en lui assignant par an, sur les fonds du pavé de Paris, une certaine rétribution qui représenteroit les intérêts de son capital, et celui d'une autre somme destinée à l'amortir. Ainsi par une dépense annuelle presque insensible, on acquitteroit une dette dont on auroit eu sur-le-champ la valeur et l'inestimable bienfait. Il n'est point, je le répète, une entreprise plus utile et dont les conséquences soient plus étendues (2). Ce présent seul à la ville de Paris, dont chaque jour on sentiroit les avantages, dont on aimeroit à se rappeler l'époque, illustreroit plus un règne que le monument le plus considérable. Peu de personnes se rappellent que l'École Militaire a été bâtie sous Louis XV, mais tout le monde sait que c'est à ce règne trop mal jugé que la France doit les routes magnifiques qui la traversent en tous sens, qui abrègent et assurent les communications, vivifient le commerce, et font connoître aux étrangers et aux voyageurs qu'ils parcourent un pays aussi distingué par les travaux des hommes que par les productions de la nature.

(1) On se rappelle quelles difficultés on éprouva pour introduire les roues larges et obliger les charretiers à ne plus en employer d'autres. Aujourd'hui tout le monde convient qu'elles sont plus solides, plus utiles pour les chemins et même plus roulantes.

(2) Vestris s'extasioit sur la quantité de choses qu'il voyoit dans un menuet. Je suis de même pour les trottoirs, avec plus de raison, car je n'ai pas énoncé la moitié des avantages et des conséquences de cette institution. Cette facilité des communications donnera le moyen à chacun de faire lui-même ses affaires et de ne plus s'en rapporter aux domestiques; les femmes feront leurs emplettes. Les gens occupés n'ayant plus à fixer leur attention dans la rue sur les pierres qu'ils doivent choisir pour marcher, penseront librement à leurs intérêts, à leurs travaux, et augmenteront d'autant leurs conceptions. Les bibliothèques, les établissemens publics, les spectacles seront plus fréquentés, et leur magnificence ne sera plus en contraste avec les espaces incommodes qu'il faut traverser pour parvenir jusqu'à eux. En effet, n'est-il pas cruel, lorsqu'on vient d'entendre des vers de Racine, de recevoir sur la tête les eaux sales d'une gouttière qui avance inutilement de trois ou quatre pieds sur le sommet de la rue, de se couvrir de boue en glissant sur des pavés ronds et pointus, malgré l'équilibre que l'on cherche à garder et les contorsions ridicules que l'on fait pour y parvenir. Paris est le lieu où l'on est parvenu le plus près de la perfection dans une quantité de choses, et où on est encore le plus enfoncé dans la barbarie pour beaucoup d'autres.

Plan d'un Trottoir en Dalles de Pierres dures de niveau avec le Pavé.

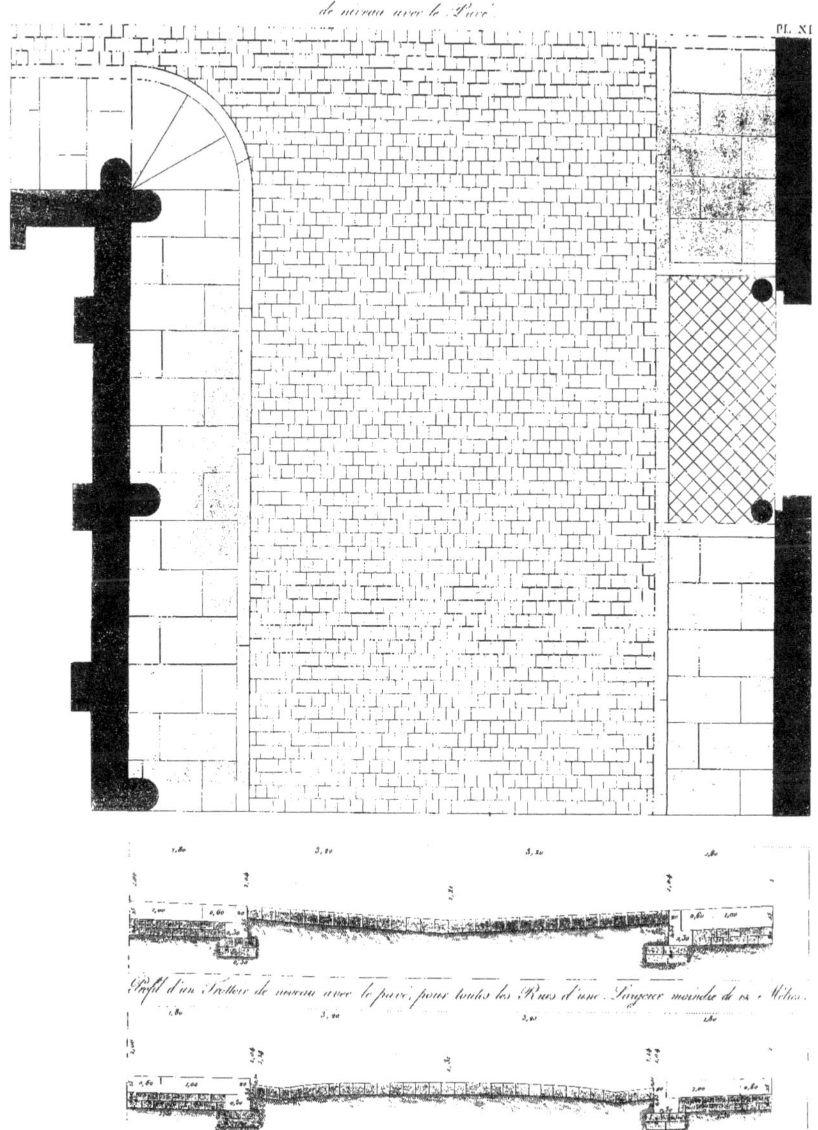

Profil d'un Trottoir de niveau avec le pavé, pour toutes les Rues d'une Largeur moindre de 12 Mètres.

Profil d'un Trottoir exhaussé dans les Rues de plus de 12 Mètres de Largeur.

0 1 2 3 4 5 M.

PROJET
DE PROMENADE NOUVELLE
POUR LES VOITURES LÉGÈRES
ET LES GENS A CHEVAL.

PARIS qui renferme un si grand nombre de Jardins publics, de Boulevards et d'autres promenades de toute espèce, pour les gens à pied, n'en a pas une seule destinée aux gens à cheval et aux voitures légères. Le luxe des équipages, cette marque si éclatante de l'opulence d'une grande ville, ne peut s'y déployer avec avantage. Ceux qui veulent se promener à cheval, soit pour leur santé, soit par goût, ne trouvent aucun lieu qui soit destiné à cet usage à la proximité de leur demeure; il faut qu'ils aillent chercher le Bois de Boulogne, distant d'une lieue de Paris, par une route pavée que l'on partage encore avec toutes les petites voitures de St.-Cloud, les charrettes, etc. etc. Cette route d'ailleurs, passé les Champs-Élysées, ne présente aucun aspect agréable, ce sont, presque partout, des murs de clôture et des bas fonds. Le temps qu'il faut pour la parcourir détourne beaucoup de gens des quartiers éloignés de s'y rendre; mais ce qui les en détourne davantage, c'est l'impossibilité où ils sont d'y trouver un terrain soigné et commode. La moitié de l'année les revers du pavé en sont impraticables, tandis qu'il existe à droite et à gauche deux contre-allées que l'on interdit aux voitures et aux gens à cheval, sans qu'elles servent davantage aux gens à pied. Ceux-ci ont à droite et à gauche pour leur usage la totalité des Champs-Elysées, jusqu'à l'allée des Veuves, et depuis ce point jusqu'au Bois de Boulogne, une seconde contre-allée qu'ils préfèrent et qui leur est suffisante.

Aucun motif n'empêcheroit donc d'abandonner aux gens à cheval et aux voitures légères les deux contre-allées, ou du moins une seule, dont on feroit une route solide et commode. Mais en rattachant cette idée à un plan plus étendu, on pourroit pratiquer à la porte de Paris une promenade publique ou *Corso*, qui n'auroit rien à envier aux dispositions de ce genre dans les autres grandes villes.

EXPOSITION DU PROJET.

On propose de consacrer à une promenade publique toute la partie gauche des Champs-Elysées, depuis la place de la Concorde jusqu'à l'allée des Veuves, en y comprenant le Cours-la-Reine, avenue charmante dont personne ne profite, et que peu de gens même ont parcouru. Cette disposition auroit lieu sans presque rien changer à l'état actuel des Champs-Elysées, qu'elle embelliroit, sans priver les joueurs de paume de leur emplacement, sans même usurper sur les gens à pied aucune des parties qu'ils peuvent choisir.

Tout se borneroit, 1°. à construire, en cailloutis solides et unis, la contre-allée de la partie gauche des Champs-Élysées, et à la rendre semblable à la belle route de Vitry, qui peut servir de modèle à cet égard;

2°. A continuer dans le même système l'allée d'Antin, celle des Veuves, et le Cours-la-Reine.

Le circuit que feroient ces différentes allées composeroit une promenade très-longue, qui offriroit un exercice suffisant, et un rendez-vous naturel et commode aux habitans de tous les quartiers de la capitale, qui ne fatigueroit pas les chevaux, n'useroit pas les voitures, et permettroit de profiter du moindre moment de beau temps.

Telles sont en général les promenades aux environs des grandes villes. Le *Prater* à Vienne, *Hyde-Parck* à Londres, le *Prado* ou la *Florida* à Madrid, la *Villa-Borghèse* à Rome, etc., font partie de la ville même. Ce sont de grands rendez-vous où les gens à pied, à cheval ou en voitures trouvent le genre d'exercice qui leur convient, l'aspect d'objets qui les amusent, et un agrément qu'ils n'achètent par aucune gêne, aucune fatigue, et aucune perte de temps.

Il n'est pas de petite ville en Italie qui n'ait ce qu'on appelle un *Corso*, et en Espagne un *Alameda*. Cette sorte de promenade consiste en une grande allée ordinairement droite, et dont le terrain est entretenu avec beaucoup de soin. A peine une promenade semblable auroit-elle acquis quelque vogue, qu'on verroit s'y établir des jeux de toute espèce, des tentes élégantes où l'on trouveroit des rafraîchissemens; tandis qu'aujourd'hui, sur toute la route du Bois de Boulogne et au Bois de Boulogne même, on ne voit que de mauvaises guinguettes et des habitations communes.

La dépense première une fois faite, l'entretien en seroit peu coûteux, parce que les routes n'étant pratiquées que par des voitures légères et des gens à cheval seroient peu dégradées; elles ne le seroient même point du tout, si le nombre suffisant de cantonniers étoient distribués dans toute l'étendue pour réparer à mesure et maintenir la disposition première. Un tiers du chemin de St.-Cloud se feroit alors à l'ombre et commodément, par l'allée des Veuves, qui ne sert aujourd'hui qu'à la promenade de quelques invalides.

PLANCHE XII.

PLAN DE LA PROMENADE.

D'après ce plan, il est facile de voir qu'il n'y a presque rien à changer dans toute la partie gauche des Champs-Elysées; les routes auroient toutes la largeur du Cours-la-Reine, c'est-à-dire 10 mètres, et plus, espace suffisant pour deux files de voitures pouvant tourner, se croiser, et laisser entre elles une distance convenable pour les gens à cheval. Si l'on vouloit par la suite agrandir cette promenade, on le pourroit facilement en faisant l'acquisition des marais situés entre l'allée d'Antin et l'allée des Veuves, et traçant au milieu plusieurs allées irrégulières, ainsi qu'elles sont indiquées sur le plan en ligne ponctuée; cette acquisition ne seroit pas très-chère, parce qu'on en déduiroit la plus-value qu'acquerroient par là les terrains qui resteroient à droite et à gauche, et que l'on revendroit pour le compte de l'Administration. Bientôt toute cette partie, si négligée aujourd'hui, se couvriroit d'habitations agréables et de jardins ornés, d'autant plus précieux qu'ils auroient pour dépendances toute la promenade à l'entour.

Devis et Détails de la dépense.

On propose pour ce projet d'établir, conformément au plan et au détail ci-après, des chaussées en cailloutis dans la contre-allée des Champs-Élysées, l'allée d'Antin, et le Cours-la-Reine. Ces chaussées auroient, conformément au profil ci-joint, 10^{m} de largeur, et 0^{m},50 d'épaisseur; elles seroient composées d'un blocage en meulière de champ, de 0^{m},20 de hauteur réduite (1), recouverte de cailloux sur une hauteur de 0^{m},30. Ces chaussées seroient maintenues par deux rangs de bordures choisies parmi les pierres de meulière du plus fort échantillon. On auroit soin de bien serrer la meulière formant le fond de ces chaussées, et de la recouvrir de cailloux rangés avec soin et de manière que leur grosseur aille toujours en diminuant jusqu'à la surface, dont les cailloux ne pourront excéder la grosseur d'une noix.

LONGUEURS DES CHAUSSÉES A ÉTABLIR.

Contre-allée sud des Champs-Elysées, depuis la place de la Concorde jusqu'à l'Étoile des Champs-Elysées, ci		789^{m} 00	
Allée d'Antin, compris demi-lune et patte-d'oie aux jonctions des chaussées, ci.		530 00	
Cours-la-Reine, compris patte-d'oie, ci.		1254 00	
L'allée des Veuves y compris la patte-d'oie		700 00	
LONGUEUR TOTALE		3273 00	
Détail d'un mètre courant de ces Chaussées, de 10^{m} de longueur, sur 0,^{m}50 d'épaisseur.			
5^{m},00 Cubes de déblais transportés et régalés aux abords, à 0 fr. 62 c. le mètre, prix de la soumission du pavé de Paris pour le 1er. lot, ci	3 f. 10 c.		
2^{m},12 Cubes de blocage en meulière affermie à la hie, à 13 fr. 50 c. le mètre, y compris fourniture et pose des bordures, ci	28 62		
2^{m},88 Cubes de cailloux, à 3 fr. 40 c. le mètre, prix de la soumission du pavé de Paris pour le 1er. lot, pour fourniture et emploi, ci	9 79		
TOTAL	41 51		
Somme à valoir pour ouvrages et dépenses imprévues	2 50		
TOTAL POUR UN MÈTRE COURANT	44 01		
Passé à		44 f. 00	
3273^{m},00 courans de chaussées en caillontis de 10 mèt. de largeur, à 44 fr. le mètre, ci			144,012 f.

PLANCHE XIII.

VUE DE LA PROMENADE NOUVELLE, PRISE DU BOUT DE L'ALLÉE DES VEUVES.

La promenade projetée auroit, outre tous les avantages que nous venons d'énoncer, celui de présenter constamment à la vue des aspects agréables. La contre-allée des Champs-Elysées offriroit, à travers les arbres, la vue de l'Arc de Triomphe de l'Etoile; et à gauche la belle futaie qui est peu fréquentée aujourd'hui. Au delà de l'allée d'Antin on entreroit au milieu d'une suite de jardins; au bout et à l'angle de toute l'enceinte, on auroit le tableau qui est sur cette planche, c'est-à-dire : la vue du Pont de Jéna, des hauteurs de Chaillot, et du coude que forme

(1) Ces détails nous ont été fournis par M. Duchanoy, Ingénieur des ponts et chaussées.

la rivière en cet endroit; de retour par l'allée des Veuves et le Cours-la-Reine, on longeroit constamment la rivière, et on découvriroit sur l'autre quai la Promenade qui doit être plantée depuis le Corps-Législatif jusqu'au pont d'Iéna, la nouvelle Manufacture de Tabac, le Lavoir projeté, et d'autres bâtimens élégans qui se construiront sans doute incessamment de ce côté.

Pendant qu'on s'occupoit de ce projet, M. le Cte. Molé, Directeur général des Ponts et Chaussées, à qui rien n'échappe des moindre détails de son administration, surtout lorsqu'ils présentent un caractère particulier d'utilité publique, avoit fait la même observation et donné les ordres pour convertir en chaussée cailloutée les deux accotemens du pavé, depuis la place de la Concorde jusqu'à la Porte-Maillot. Ce travail dont l'exécution est commencée et qui a lieu dans le même système, fera connoître combien il seroit facile d'en étendre les avantages au projet que nous présentons.

Projet d'une Chaussée en Cailloutis
à établir dans la Contre-Allée sud des Champs Élysées sur le Cours la Reine.

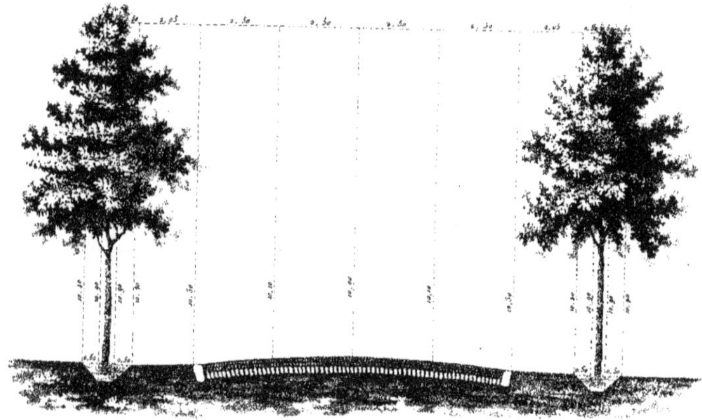

DE L'IMPRIMERIE DE A. BELIN.

PL. XI

Plan de la Nouvelle Promenade projettée

PL. XIII.

Vue de la Promenade Nouvelle,
prise au tournant de l'Allée des Veuves et du Cours la Reine.

www.ingramcontent.com/pod-product-compliance
Lightning Source LLC
LaVergne TN
LVHW050425160826
845677LV00002BA/535

* 9 7 8 2 3 2 9 6 9 8 3 8 0 *